GUERRE FRANCO-ALLEMANDE

PARIS
IMPRIMERIE BALITOUT, QUESTROY ET C°
7, RUE BAILLIF, 7

GUERRE
FRANCO - ALLEMANDE

1870-71

NOTES ET SOUVENIRS D'UN CURÉ
DE LA BANLIEUE DE PARIS

AVEC UNE CARTE DE LA BANLIEUE *EST* DE PARIS

EN VENTE
DANS LES LIBRAIRIES DE LA GALERIE D'ORLÉANS
PALAIS-ROYAL

1884

A MES CONFRÈRES DE LA FRANCE

Permettez-moi de vous dédier ces souvenirs. En les réunissant, votre pensée et celle de l'Église m'étaient présentes. J'y associais aussi les douleurs et les espérances de notre chère patrie. Ces choses sacrées demeurent inséparables.

Suspects aux Allemands durant cette époque néfaste, vous et moi nous nous sentons fiers d'avoir mérité les haines des ennemis de la France et souffert de leur brutalité.

Rien ne doit gêner notre patriotisme vis-à-vis des ennemis du dehors, rien, si ce n'est la voix de l'humanité et du droit des gens. Nous le savons et nous ne faillirons pas si l'heure d'un nouveau péril vient à sonner. On dit que nous mettons quelque chose au-dessus de la patrie : nous saurons bien fermer la bouche à tous ceux qui nous méconnaissent.

Veuillez lire sans prévention ces pages exactes et loyales. J'aurais voulu m'effacer davantage, mais à quoi bon? La vérité et l'émotion du récit pouvaient, d'ailleurs, y perdre. Or, avant tout, j'ai souhaité que ces souvenirs se confondissent avec les vôtres, et que les vœux qui s'y rattachent fussent communs à nous tous, Français et prêtres de l'Église de France !

J.-P. DERAMEY,

Prêtre, docteur de Sorbonne.

GUERRE

FRANCO-ALLEMANDE

1870-1871

---

18 SEPTEMBRE 1870

Ce fut un dimanche, par un temps superbe, que les Allemands occupèrent l'espace compris entre Chelles et Claye, de la Marne à la route d'Allemagne.

Depuis le matin, cinq heures, on entendait la marche du 12º corps d'armée, composé en grande partie de Saxons et de Bavarois. Des jeunes gens de Claye, de Mongé-Latour, de Villevaudé passèrent à côté du presbytère du Pin. J'étais là, prêtant l'oreille aux bruits qui me venaient du Nord et de l'Est.

« Les entendez-vous, monsieur le Curé ?
— Hélas ! oui ; mais vous, où courez-vous

ainsi? — Nous ne savons. On assure que les Allemands mettent les Français qu'ils rencontrent en avant de leurs bataillons. Nous aurions mieux fait de suivre vos conseils et d'aller rejoindre nos corps. — Il est trop tard à présent. Rentrez dans vos maisons, soyez prudents, et, si le jour vient de se battre, faites votre devoir. »

Je ne pouvais demeurer en place. Le bruit causé par la marche de l'artillerie et des convois remplissait la plaine, depuis le village de Bordeaux jusqu'à Courtry. Vers huit heures, un vieillard de Claye me dit : « Ils seront ici dans une heure ou deux, vous avez le temps de dire votre messe. »

Je fis sonner la cloche et réunis les cinq ou six personnes qui composaient toute ma paroisse. Le reste s'était retiré à Paris, vers la Gâtine ou du côté de Rouen. On leur avait dit que le Gouvernement voulait faire le désert devant l'armée allemande. Cet abandon de leurs maisons, cette fuite insensée amenèrent des conséquences déplorables; mais la poignée qui demeura au pays n'en fut pas plus heureuse. Que pouvait obtenir d'un vainqueur orgueilleux un curé de village, entouré à peine de quelques gens affolés qui abandonnaient à tout instant leurs maisons, pour aller se cacher dans les bois et les carrières de gypse dont le pays est rempli! Les soldats allemands leur donnèrent la chasse et les ramenèrent, c'était à prévoir.

Je pris les clefs de l'église et du presbytère et je me plaçai, avant dix heures, dans le carrefour par où devaient passer les premiers éclaireurs, puis l'état-major. Bientôt, deux dragons et deux uhlans traversèrent au grand trot la rue principale, où je me tenais. Leurs yeux fouillaient vivement portes, fenêtres, corridors et recoins. Puis un officier de dragons s'avança en faisant cabrer son cheval : « Vous êtes le curé de ce lieu? — Oui, monsieur. — Savez-vous pourquoi ce pays est désert? — On a dit aux gens qu'ils devaient s'enfuir avec leur bétail et leurs provisions. — Les fermes et les châteaux de ce pays peuvent-ils recevoir dix-huit cents chevaux environ? — Oui, monsieur, et même davantage. — Prenez garde! Si vous mentez, vous le paierez chèrement. — Ces paroles sont inutiles, vous verrez bientôt si j'ai dit vrai. »

Un officier de uhlans s'approcha de mon interrogateur, lui dit quelques mots et tous deux disparurent dans la direction de Chelles. Peu après, l'état-major arriva et s'arrêta dans le carrefour : vingt officiers environ et une escorte nombreuse de cuirassiers.

Un de ces messieurs, jeune encore et qui semblait être le chef, m'adressa la demande habituelle: « Vous êtes le curé de ce lieu? — Oui, monsieur! »

« Faites attention! me dit aussitôt d'un ton brutal, un cavalier à la barbe rousse qu'on me dit, plus tard, être un noble saxon, lieutenant de chasseurs. Faites attention! on ne dit pas « monsieur! » à Son Altesse le second fils de notre roi de Saxe. »

« Laissez-moi tranquille, fis-je aussitôt. Un patriote a fait tout son devoir quand il a dit « monsieur! » à un général ou à un prince ennemi. »

Tout aussitôt, le prince George, second fils du roi de Saxe, car c'était lui, regarda sévèrement le malencontreux lieutenant, le reste du groupe se mit à rire, et un officier voisin du prince, se penchant vers moi, me dit : « Avez-vous un logement à la cure pour mon aide-de-camp et pour moi? — Oui! — Eh bien! dans une demi-heure. » En même temps, toute la troupe repartit par la route de

Chelles pour inspecter probablement les châteaux et les fermes qui font face aux champs et aux prairies vers le Sud.

Je grimpai aussitôt sur la colline qui domine le château du Pin, l'école et le presbytère. Les éclaireurs galopaient sur le flanc des bois, non loin des bords de l'ancien étang de Courtry; puis, des pièces d'artillerie s'avançaient à mi-chemin dans la direction de Coubron et retournaient dételer dans un champ près de la route, vis-à-vis Courguin, la ferme de Omnibus de Paris.

Je ne vis aucune troupe d'infanterie. Le soin avec lequel les éclaireurs fouillaient les bois me prouva que, du premier jour au dernier de l'investissement de Paris, la crainte des franc-tireurs rendait partout la cavalerie attentive. Quatre jours auparavant, trois fortes compagnies de francs-tireurs avaient traversé Villeparisis, le Pin, Courtry, Clichy et Montfermeil. Quelques officiers, le capitaine Rosé, entre autres, voulaient rester et tirer parti des bois et des carrières. On m'avait fait l'honneur de me consulter. J'avais donné toutes mes cartes et supplié ces messieurs de demeurer quelque temps. Puis, l'ordre était venu, comme toujours, de se *re-*

plier et d'aller se loger dans les communes placées sous le canon des forts. Je ne compris rien à cette fuite obstinée. Les terreurs perpétuelles des Allemands me prouvèrent que, dans nos quartiers, les francs-tireurs eussent pu rendre des services précieux.

Un jeune lieutenant de cuirassiers saxons me rencontra, comme je descendais la colline, et voulut que je le conduisisse à l'église pour y prendre quelques bougies. Il s'exprimait en excellent français, comme tous ses collègues, et me demandait pardon de me réquisitionner ainsi. Je lui offris les cierges et les bougies qui se trouvaient à la sacristie. Il les prit et, en même temps, tout le luminaire des autels. Ce fut un ravage complet. Puis il me donna un récépissé pour me servir au besoin!!

La façon polie, hypocrite et rapace dont ce premier vol fut accompli me permit de deviner à quels gens la France était livrée.

Au sortir de l'église, je trouvai à la porte du presbytère l'officier qui m'avait demandé un logement. Près de lui se tenait un uhlan, celui-là même qui m'avait délivré des insolences de son camarade le dragon.

« Je suis le général K. von N., me dit le

premier; voici mon aide-de-camp, » et tous deux me passèrent leurs cartes. Nous venons loger chez vous, ainsi que je vous l'ai annoncé tantôt, et je suis bien aise de me trouver sous le toit d'un prêtre dont les paroles ont plu à notre prince George, mon chef immédiat, à son frère, le prince Albert, et à la plupart des officiers de sa suite. Je ris encore de la déconvenue du lieutenant de chasseurs. » Je les fis entrer au presbytère, leur montrai deux chambres et, tout aussitôt, le général K., avisant un arbre à coings : « Vous permettez, me dit-il. Nous souffrons tous de la dyssenterie. On assure que ce fruit, cuit dans l'eau, est un remède souverain. »

Le lendemain, le prince George de Saxe vint aussi au presbytère me demander quelques coings. Mon arbre fut rapidement dépouillé. Ce fait, si simple en apparence, me sauva la vie deux mois après.

« Étiez-vous abonné, me demanda le prince George, au *Figaro* ou au *Gaulois*? — Non, général, fis-je avec quelque étonnement ; je lisais d'habitude le *Rappel* et quelques journaux républicains. — Si jamais, ajouta George de Saxe, vous rencontrez les directeurs du *Figaro* et du *Gaulois*, vous les remercierez de ma part, car leurs récits et leurs commentaires n'ont pas nui au succès des armes allemandes. » Je ne répondis rien et, pourtant, je me souvenais très-bien que, vers les premiers jours de septembre, j'avais dit au maire du Pin : « Oui ! il y a des journaux qui se prétendent les organes des *seuls bons Français* et qui, par horreur des vérités amères et des aveux qui désenchantent, maintiennent leurs lecteurs dans un aveuglement funeste! » S'est-on défait, dans la presse, d'une habitude si agréable, en septembre 1870, à nos ennemis ? On peut en douter

Le général K. et son aide-de-camp prirent leurs repas avec moi. Ils parlaient correctement et facilement le français, comme la plupart des officiers saxons. K. von N., avec un tact qui l'honore, évita tout ce qui pouvait raviver les douleurs d'un honnête citoyen. Il parla surtout des heureux mois qu'il passait chaque année en France, tantôt chez les de F., tantôt ailleurs.

L'ordre de marcher fut donné dans cette journée du lundi 20 septembre. C'est la date, je crois, de deux combats au nord et au sud de Paris, près de Saint-Denis et de Châtillon.

En partant, M. K. me dit: « Je regrette de

— 15 —

vous quitter si vite. Vous n'auriez que peu souffert au milieu de la cavalerie. Je crains pour vous l'infanterie, levée dans les faubourgs de Leipsick, de Chemnitz et de Dresde ; c'est elle qui nous remplace. »

Le soir même arrivait la 24° division d'infanterie, commandée par le *vieux* N., c'est ainsi que l'appelaient les Saxons. Von N., était déjà venu en France deux fois, comme volontaire, en 1814 et 1815. Je n'eus pas à me plaindre de lui personnellement : d'autres me fournirent assez l'occasion de le faire. L'état-major se fixa à la cure et au château.

Le soir même de l'arrivée de l'état-major, un paysan vint à la cure et me pria d'intercéder pour lui. « Voilà quatre jours, dit cet homme, qu'on m'a réquisitionné avec ma charrette et mon cheval. La bête et moi n'en pouvons plus. Nous sommes partis des environs de Provins, ma femme me croit perdu. » Le pauvre homme se mit à pleurer. J'avisai aussitôt un major qui paraissait un homme d'importance, et j'intercédai pour le paysan. — « Ne vous mêlez pas de ces choses, monsieur le curé ! Cela ne vous regarde pas. Cet homme et son cheval nous appartiennent, puisque nous en avons besoin. » Trouvant la réponse un peu dure : « Eh bien, fis-je, monsieur, je vais aller au général. » Le major fit une légère grimace, remit un billet au paysan, le mot de passe, j'imagine : « Allez vous-en, pleurard, lui dit-il, et dépêchez-vous. »

Le paysan parti, on me pria de venir manger avec le général. Son état-major était là, presqu'au complet. Il y avait aussi ce lieutenant de chasseurs qui s'était scandalisé de ma réponse à l'altesse saxonne. Il m'en voulait et me le prouva sans tarder.

« A quelle distance sommes-nous du Vert-Galant, monsieur le Curé? » — Il y a deux endroits de ce nom, répondis-je : l'un près de Vaujours, à une demi-heure du Pin, l'autre tout près de Saint-Denis. J'ignore quel est celui dont vous voulez parler. — Voilà, dit mon homme, une réponse de jésuite français. Il faut se méfier, messieurs! » Je me levai de table et refusai de m'asseoir, dorénavant, au milieu de gens qui étaient mes hôtes et qui m'insultaient.

Le 21 au matin, je me rendis à l'église plein d'inquiétude, car il m'avait semblé entendre, pendant la nuit, des bruits de pillage. La réalité était navrante. Portes et fenêtres enfoncées, ferrements descellés. Mon église, si riche en ornements, en linge, en vases sacrés, en livres liturgiques, ne possédait plus rien. J'avais mis dans la sacristie une partie des objets de valeur de la cure. Je ne les retrouvai plus. Les autels étaient souillés, ainsi que les linges et les tentures que les voleurs n'avaient pu emporter.

Accablé, mais retenant des larmes amères, je revins à la cure. Le major était absent, je m'adressai à un autre qu'on appelait von B., à qui j'avais donné ma propre chambre, et je lui fis mon rapport. Incrédule d'abord, il se rendit à l'église et pâlit de colère. On vint lui rapporter, en même temps, que l'église de Courtry avait subi un traitement semblable. « Notez bien, lui dis-je, que, me fiant aux proclamations des chefs de l'armée allemande, je ne suis demeuré chez moi, presque seul de tous mes paroissiens du Pin et de Courtry, que pour préserver les deux églises, le presbytère et intercéder au besoin pour les propriétés abandonnées par leurs possesseurs. Ah! pourquoi ne me suis-je pas enfui comme tout le monde? »

Plusieurs soldats nous entouraient. M. de B. commença un discours dont je saisis le début : « Gott im himmel, etc. » Les soldats se dispersèrent et, peu après, j'entendis sonner et battre à l'assemblée. Près de six mille sacs furent passés en revue, mais peu de choses retrouvées. Les juifs qui suivaient l'armée comme de véritables oiseaux de proie, avaient déjà acheté à vil prix tout ce qui offrait une valeur vénale, et leurs fourgons roulaient depuis le matin vers Meaux et au-delà.

Les maisons du Pin et de Courtry furent traitées comme les deux églises. Des ouvriers saxons, qui avaient travaillé à Paris ou à la campagne chez les principaux bourgeois, guidaient les recherches et se montraient impitoyables. Les mêmes faits se renouvelèrent en tous lieux. On est vraiment bien inspiré en France d'employer et de traiter avec tant d'égards les ouvriers allemands! Comme ils savent nous le rendre! Le pillage recommençait à chaque changement de corps. Trois fois j'essayai d'arracher aux Saxons ce qui restait encore dans mes églises et je ne recueillis que des insultes, des ricanements ou des menaces. On me traitait comme un gêneur et un ennemi, chez les officiers presque autant que chez les soldats. On ne tient presque plus à la vie après quelques jours de ce régime.

Pendant que M. de B. et les autres s'occupaient de la première inspection des sacs, je vis entrer deux ordonnances dans ma propre chambre, celle que j'avais cédée au même de B. Le pillage étant à l'ordre du jour, je craignis pour un sac de voyage où se trouvaient mes papiers, actes civils, diplômes de mes grades, etc., etc. J'arrivai trop tard. Mon pauvre sac gisait éventré. Ce qu'il contenait, disséminé et emporté. Quand M. de B. revint, je me plaignis et il répondit simplement : « *Dass ist krieg!* » C'est la guerre !

Je me souvins, alors, des dernières paroles du général K. von N.

Les aumôniers catholiques et protestants du 12ᵉ corps d'armée cherchèrent à me consoler. Remarquant mon refus obstiné de m'asseoir à la table du vieux N., ils me prièrent de prendre mes repas avec eux. On avait laissé dans ma cave quelques bouteilles de vin que je leur portai. Je n'eus qu'à me louer des chapelains Wahl, Maaze, Engeler et les autres.

Cela ne pouvait continuer ainsi. Le major L. fit appeler un jour le prêtre Carl Maaze, de Dresde, et lui intima l'ordre de cesser ses relations avec moi. Nous allions, M. Maaze et moi, visiter les malades de Coubron, de Montfermeil, de Chelles, etc., car presque tous les confrères du voisinage s'étaient enfuis avec leurs paroissiens. Les commandants militaires des places ou des postes m'envoyaient donc chercher, quand un des rares habitants demeurés au logis demandait le secours d'un prêtre.

M. Carl Maaze dit au major L. qu'il ne cesserait pas ses relations et que, s'il le fallait, il se plaindrait aux princes Albert et George de Saxe. Précisément, le prince George était venu me remercier récemment pour deux ou trois coings de mon jardin. On sait l'usage que ces messieurs en faisaient. M. L. contint donc sa mauvaise humeur et laissa les chapelains tranquilles. Mais j'étais à ses yeux un patriote dangereux, un ennemi féroce des Allemands. — Certes, je ne fis rien pour paraître leur ami, — et jusqu'à la fin de l'occupation, sauf de rares intervalles, on me traita avec hostilité. Plus tard, on me conduisit devant un conseil de guerre pour me fusiller. Si je me suis comporté en ennemi déclaré, à qui la faute? Le roi Guillaume avait promis la paix et le respect aux habitants paisibles. Je savais maintenant, moi et d'autres, ce que signifiait cette proclamation hypocrite.

Plusieurs faits d'indiscipline dans l'infanterie saxonne avaient déjà attiré mon attention. Un jour M. Wahl, l'aumônier des princes, me pria d'aller promener avec lui. Nous gagnâmes les hauteurs, dans le voisinage du château de Mme Simonnet, grande propriétaire du pays. Les soldats passaient et repassaient sur les murs avec des airs pillards qui impatientèrent M. Wahl : « Où allez-vous ? Que faites-vous ? » Ses paroles et son ton d'autorité produisirent un effet déplorable. Le digne chapelain fut traité de haut en bas : « Allons-nous-en, me dit-il, ces fantassins sont la lie de nos grandes villes et de nos faubourgs, j'imagine que c'est la même chose chez vous. » Et moi je pensais, au contraire, que jamais nos faubouriens de Paris ou de Lyon n'auraient traité de la sorte un de leurs aumôniers. Mais je gardai cela pour moi, de peur d'accroître la peine très-visible de mon compagnon. Je pus m'assurer, d'ailleurs, que le cas de M. Wahl n'était pas le seul. L'Allemagne, si féodale et si respectueuse, nous dit-on, envers le prince et le prêtre, serait donc tout le contraire ! « Une révolution démocratique est imminente chez nous, me disait, en mars 1871, un colonel thuringien, si l'on immobilise dans la banliene de Paris la plus grande partie de l'armée qui en a fait le siège.

Cet état moral de l'armée allemande expliquerait, à lui seul, les hésitations actuelles de la politique prussienne, malgré des rancunes toujours vivaces et des convoitises inassouvies.

OCTOBRE 1870

L'un des premiers jours de ce mois, vers neuf ou dix heures du matin, je vis entrer dans ma chambre le capitaine d'une compagnie d'infanterie logée dans les maisons qui avoisinaient les châteaux de M. Crépier et de M. Delaroy, alors maire du Pin. « Monsieur le Curé, j'ai mis la main sur un individu qui doit être un espion. Il dit se nommer Adolphe Mallard et être fermier du château où je suis en quartier. Si vous le reconnaissez, c'est bien; sinon, il sera fusillé comme espion des francs-tireurs.— Allons vite, lui répondis-je. »

C'était, en effet, M. Adolphe Mallard, qui était sorti de Paris, avant le 18 septembre, pour un achat de fourrages, et qui, ne pouvant plus rentrer à Paris, où sa famille s'était réfugiée, avait essayé de regagner son habitation du Pin. Il était pâle et défait. Je l'embrassai, en le grondant de son peu de prudence. Le capitaine me dit alors : « Emmenez-le chez vous. » Il me semblait ému. J'appris plus tard qu'il fut tué à Champigny, avec une foule d'officiers et une bonne partie de l'infanterie saxonne.

La crainte des francs-tireurs obsédait les Allemands de tous grades. Ils en voyaient partout. Des paysans de la contrée, rentrant tard chez eux et comprenant mal le *wer da!* des sentinelles, tombèrent fusillés comme francs-tireurs, sans subir même un jugement sommaire. Cette terreur de nos ennemis, déjà bien connue, devait nous ouvrir les yeux. Pourquoi ceux qui venaient de Reims et d'au-delà sont-ils demeurés longtemps inactifs dans les villages de Montreuil, Rosny, les Lilas, etc.? Si jamais la France était envahie de nouveau et nos grandes villes enveloppées, on devra se souvenir des audaces très-probables prêtées à nos partisans par les Saxons et les Bavarois du 12ᵉ corps.

Quand approcha le 9 octobre, date de la victoire de Coulmiers, les précautions redoublèrent en tous lieux. On barricadait portes et fenêtres. On éteignait les feux de bonne heure; parfois même le clairon ne sonnait plus. Je haussais les épaules devant tant de précautions inutiles, et plusieurs durent me croire d'intelligence avec ces démons dont on parlait sans cesse et qu'on voyait si peu.

La nouvelle du glorieux combat de Coulmiers nous fut apportée par un marchand de fromages qui m'affirma sa qualité d'émissaire du général d'Aurelle de Paladines. J'étais avec Adolphe Mallard quand cet homme descendit de sa voiture et vint à nous. Combien d'espérances remplissaient nos cœurs en ce moment! Les Allemands nous observaient, mais nous parlions tout bas. « Je vais retourner à Nemours ou à Château-Landon, nous dit l'émissaire; ne pourriez-vous pas me donner, sur un bout de papier, le chiffre des forces qui sont ici, depuis Lagny jusqu'à Claye? Vous signerez cela, monsieur le Curé, car, sans votre signature, le général de Paladine n'ajoutera pas foi à mes paroles. — Je n'écrirai et je ne signerai rien, mon brave ami. Car, sans parler de moi, ma signature au bas de quelques renseignements ne vous rapporterait que des balles dans la tête. — C'est vrai, » dit l'homme.

Alors, tout en nous promenant, depuis l'église jusqu'à la route de Lagny, je lui fis le dénombrement des forces disséminées dans le pays, et le priai de bien dire surtout à M. de Paladines que l'insubordination et les maladies exerçaient leurs ravages ordinaires dans les corps saxons, bavarois et wurtembergeois à portée de mes observations. Il nous fit les meilleures promesses, puis il s'en alla. A partir de ce moment, la tête d'Adolphe Mallard demeura livrée à un travail obstiné, très-évident pour moi. On saura bientôt ce qu'il en advint.

Vers le 18 octobre, le vieux N. reçut l'ordre de se rapprocher de Paris. La 24ᵉ division d'infanterie marcha alors vers Coubron, Clichy, Montfermeil et Vaujours. Avant de partir, M. de B., par ordre de ses chefs probablement, me fit subir un nouvel assaut. Il y avait sur une butte, non loin de Chelles, un vieux moulin délabré qui ne tournait plus depuis longtemps. M. de B. me dit qu'on ne comprenait rien à cela, et que ce moulin, avant l'arrivée des troupes allemandes, devait moudre une partie des blés consommés dans le pays. J'ouvris de grands yeux et ne trouvai point de réponse. M. de B. ignorait probablement les moulins de Corbeil et les autres, ou bien il supposait que tous nos moulins, leurs voiles et le vent y compris, refusaient de tourner pour les Allemands. Puis il ajouta :

« Comment se fait-il que nous manquions d'eau au Pin ? Il y a cependant ici un lavoir, et vous m'avez dit vous-même que, dans les grandes pluies, une source jaillissait de votre cave ?

— C'est vrai, monsieur, mais tout cela est intermittent, et le Pin a parfois souffert du manque d'eau.

— Et la conduite des eaux de la Dhuys ? reprit de B.

— C'est ici, auprès.

— Expliquez-moi cela, je vous prie. »

Je le conduisis sur les hauteurs et lui mis la tête dans les regards. Il constata des conduites interrompues et ne put conclure. Il entremêlait ses récriminations des récits de son récent voyage en Palestine et de ses entretiens avec Mgr Gobat, évêque prussien de Jérusalem. Quand la 24ᵉ division reçut l'ordre de marcher en avant, il me dit : « Gardez votre chambre du premier et ne la donnez à personne. » Ce que j'exécutai fidèlement.

Des remords avaient probablement dicté à

mon hôte ses derniers conseils. M. de B. et ses ordonnances laissèrent leurs quartiers remplis d'ordure: telle fut l'habitude constante de l'armée allemande. Les tables, les *tiroirs*, les buffets, etc., portèrent longtemps, dans chaque maison, des traces accusatrices et immondes. Les apologistes diront peut-être que les Allemands ont fait cela pour marquer tout le mépris que nous leur inspirions. C'est possible! Mais les pourceaux de n'importe quel pays ne seront jamais des hommes. De leur temps aussi les Harpyes volaient, suçaient le sang et souillaient tout ensuite.

Je respirai deux ou trois jours; puis, l'artillerie saxonne et la réserve d'une partie de cette arme se fixèrent dans nos quartiers. C'est alors que je fis connaissance de la 7e division. Quelques-uns de ses chefs, MM. de L., F. et B. habitèrent le Pin. Ce dernier prit ses quartiers chez moi.

A partir de ce moment, j'eus un peu de tranquillité. M. B. était respecté dans son arme. Deux de ses frères servaient, comme lui, dans le 12e corps saxon, l'un dans l'artillerie, il habita Chelles tout le temps; l'autre dans l'infanterie : j'en parlerai bientôt.

Je pris souvent mes repas avec le commandant B. et le cornette Fl., car ces messieurs avaient besoin de ma vaisselle, de mon linge et refusaient de s'en servir si je ne mangeais pas avec eux.

Ils nourrissaient aussi une pauvre famille du pays que j'avais recueillie au presbytère. La mère gardait la porte et faisait la cuisine des ordonnances ; — la fille, une enfant de onze ans avec un frère plus jeune, me servaient la messe et faisaient les commissions.

Il y avait beaucoup de volontaires dans l'artillerie. Deux ou trois de ces jeunes gens, qui se piquaient de bon goût, conservèrent ainsi dans leurs quartiers quelques meubles d'intérieur, des vases et des portraits. Un jour, M. B. me dit : « Allons voir, si vous le voulez, le volontaire X. On m'a dit que sa chambre était très-confortable. — Tiens ! fis-je en entrant, c'est la maison de Mme Bance, la blanchisseuse du linge de mon église. Comment a fait votre jeune artilleur pour s'aménager, ici, un appartement dont on parle de Villevaudé à Courtry ? » Le volontaire nous reçut poliment et nous introduisit dans le sanctuaire. Le rire fou l'emporta et je parus inconvenant. « Pardonnez-moi, messieurs, fis-je aussitôt. Je vois sur cette console, enlevée au château voisin, le portrait vénérable de Mme Bance, ma blanchisseuse. — Comment ! fit le volontaire. Nous pensions tous que ce portrait, de la plus grande valeur (*sic*), était celui d'une marquise et que le peintre était un grand artiste. — Rassurez-vous, monsieur, lui dis-je. Mme Bance vaut mieux que bien des marquises, mais sa fille, auteur de ce portrait, a le cœur plus savant que les pinceaux ». C'était une véritable croûte. Le jeune artilleur, qui lui avait voué une sorte de culte, avait placé sur la commode des vases de porcelaine, de la verdure et trois fauteuils tout autour. Le goût du volontaire n'était pas perfectionné, mais la bonne dame Bance, en rentrant chez elle, lui sauta au cou, sans façon, deux mois après.

Il me fallait gagner, de temps à autre, Lagny ou Meaux pour chercher des nouvelles et quelques provisions. Tantôt j'allais seul, tantôt avec mon sacristain Marnet, excellent homme et très-dévoué, qui venait de rentrer au logis après avoir erré çà et là, avec sa famille, et à qui je n'ai connu qu'un défaut, celui d'avoir toujours soif. Il me restait quelque argent au début de la guerre ; je m'en dessaisis bientôt en faveur d'un ami. Quant aux pauvres gens que j'avais recueillis, Mme Bauchamp, concierge du château, qui avoisinait l'école, leur donnait chaque matin une large provision de lait de chèvre. Les soldats qui faisaient la cuisine en bas leur laissaient aussi quelque chose.

Il y eut parfois, au presbytère, trente et quarante Allemands. Quand je demandais pourquoi on traitait la cure comme un vaste hôtel, on me faisait entendre que les ordres supérieurs le voulaient ainsi. On eût été bien aise de me lasser et de me voir disparaître du pays. Par bonheur, le commandant B. voulut bien, dit-on, répondre pour moi ; ma maison connut ainsi un peu de silence et de repos.

Nous avons passé des semaines d'anachorète. L'intendance allemande ressembla très-souvent à l'intendance française. La soupe aux pommes de terre, sans beurre ni saindoux, fit, durant un mois, notre plat de résistance. C'était moi qui le fournissais. Ces messieurs de l'artillerie me vantaient beaucoup leurs saucisses de campagne, dites herbstwurste ; je les trouvais exécrables et n'y touchais point. Eux-mêmes finirent par avouer leur dégoût. Après le 15 novembre, les vivres commencèrent à arriver.

Un moment cruel fut celui où l'on nous apprit la capitulation de Metz.

J'avais été à Meaux sans rien apprendre de

certain. Dans les derniers jours d'octobre, un papier me fut remis par un inconnu. La trahison de Bazaine y était relatée. Je ne pouvais y croire. Le même jour, MM. F. et B. vinrent à moi dans la rue. Je les avais vus se congratuler et se serrer les mains. « Vous ne savez rien de nouveau, monsieur le Curé? — Si, messieurs, fis-je tristement. Votre joie dissipe mes derniers doutes. — Espérez encore : vous aurez une paix honorable. — Non, messieurs, la capitulation de Metz nous enlève toute armée régulière. C'est la ruine des dernières espérances. Le misérable sera fusillé, je l'espère, mais la France est perdue. — Vous êtes bien sévère pour un maréchal, demeuré après tout fidèle à l'empereur. » Je relevai la tête. Le commandant B. me comprit : « M. le curé a raison, fit-il, je conçois son chagrin et Bazaine doit être fusillé ! »

La joie des sergents et des soldats était sans bornes. « *Napoleon caput, Paris caput, Frankreich caput!* » Ils se figuraient que caput-capout signifiait une perte totale. Au fond, ils n'avaient pas tort. C'était deux cent mille hommes qui de Metz, devenu allemand, allaient renforcer les troupes maîtresses de la banlieue de Paris et de vingt départements du Sud et du Nord.

NOVEMBRE 1870

On sait combien l'hiver de 70-71 fut rude et précoce. Pendant trois mois, la terre demeura gelée et couverte d'une couche épaisse de verglas. Les premiers jours nous parurent surtout pénibles. On s'y fit néanmoins, et, pour chasser l'ennui et le chagrin qui nous dévoraient, Ad. Mallard et moi faisions entre Chelles, Villevaudé, Montfermeil et Clichy, de longues promenades interrompues souvent par ces mots des gendarmes saxons : « Rentrez dans vos maisons. On vous connaît, vous allez trop loin. »

Un jour, nous cherchions des champignons dans un pré. Un capitaine allemand nous accompagnait. Le canon du Bourget retentit, et le capitaine partit en toute hâte pour rassembler ses hommes et ses canons. Il n'était pas tranquille, disait-il, depuis la veille, et j'affirme ici que les Allemands furent toujours avertis, longtemps à l'avance, du moindre de nos projets de défense ou d'agression. Mon ami et moi revînmes aussi au Pin, où la hâte et le désordre étaient à leur comble. Les officiers en tête, les sergents, çà et là, frappant les retardataires de coups de plat de sabre. Les canons et les caissons suivaient au petit bonheur. J'imagine qu'un semblant d'inspection se passa vers Clichy avant de descendre dans la plaine de Livry et du Bourget. Le soir, M. B. me dit : « Nous sommes arrivés trop tard, mais la journée a été rude. Une division de la garde royale de Prusse a dû marcher. Vos marins sont des démons, et vos soldats, vos mobiles, etc., se battent comme les matelots. Je plains et j'estime la France, monsieur le Curé. »

Cet effort héroïque et malheureux n'était point fait pour diminuer nos angoisses. On disait que la guerre civile désolait Paris, qu'on voyait des incendies çà et là. Je résolus d'aller jusqu'aux avant-postes, si possible, pour m'assurer de mes propres yeux.

Un ami m'accompagnait. Nous rencontrâmes un bataillon qui rentrait dans ses quartiers, entre Coubron et Clichy. « Où allez-vous? nous cria un oberst à cheval. — Nous voulons voir si Paris brûle, comme on le dit. —Oh! Paris vivra longtemps encore. Allez, et soyez prudents. » Nous traversâmes Clichy jusqu'à la villa de Pygmalion, tout près de la route qui conduit au pèlerinage si connu de Notre-Dame-des-Anges. Quelques officiers, logés dans la villa de Pygmalion, me reconnurent et me dirent de ne pas descendre dans la plaine de Livry. J'avisai alors, tout près de la villa, un châlet isolé surmonté d'un semblant de terrasse et j'y grimpai aussitôt. Le temps s'était adouci depuis deux ou trois jours. Une glace légère couvrait tout le sol occupé, en bas de Clichy et autour de l'abbaye de Livry, par des prés et des bois marécageux. On se fusillait aux avant-postes. Les Saxons tiraillaient en s'abritant derrière les fossés et les arbres abattus. Les balles pleuvaient dans le terrain détrempé. Un peu de fumée s'envolait à chaque coup. Quelques obus lancés par nos forts venaient s'éteindre tout autour de l'abbaye. Un colonel saxon s'avançait à cheval en se courbant sur la crinière de sa bête, tandis que ses deux ordonnances prenaient toujours soin de mettre le cheval entre eux et les balles françaises. Une large fumée couvrait Paris dans la direction des abattoirs. « Que faites-vous là-haut? me cria une voix rude. « Herraus! » Descendez! Comment se fait-il qu'on vous ait permis de venir jusqu'ici? Vous êtes le curé du Pin, on vous connaît. » Je descendis sans mot dire et rejoignis mon compagnon près la porte de la villa. Puis, nous nous éloignâmes en échangeant nos réflexions.

« Ne retournons pas encore, lui dis-je; il me semble que je dois voir, tout à l'heure, les braves pantalons rouges qui forcent les Allemands à se cacher derrière les arbres et les chevaux. » Nous fîmes quelques pas dans les bois. On n'y rencontrait que des gendarmes, dont la consigne et l'ordre invariables étaient : « N'allez pas par là, rentrez dans vos maisons. »

Quelques jours après, c'était vers le 20 novembre, je dis à Ad. Mallard : « Allons du côté de Montfermeil, je n'y tiens plus. On n'entend raconter que défaites et malheurs. Si je vois les pantalons rouges, je rentre avec eux, n'importe comment. »

En longeant les bois des Coudreaux et les

rivages de l'ancien étang de Courtry, nous arrivâmes assez près de l'endroit qui se nomme Bellevue et qui termine le plateau de Montfermeil dans la direction de Gagny. O joie inespérée, mais bien courte, hélas ! nos clairons sonnaient en avant ; les pantalons rouges gagnaient du terrain ; les chasseurs saxons se repliaient en désordre. Nous voilà à courir. Tout à coup, il n'était pas quatre heures, la retraite sonne... Nous ne voyons plus l'uniforme français... Seul, un gendarme allemand nous dit sans s'émouvoir : « Que faites-vous ici ? rentrez dans vos quartiers. » Ce fut alors que mon compagnon me confia le projet qu'il exécuta deux ou trois jours après.

« Je suis à bout, me dit-il ; je veux aller jusqu'à Bordeaux dire ce qui se passe dans les quartiers allemands ; combien il serait facile de faire une ou plusieurs sorties victorieuses. Je compte sur vous, comptez sur moi et sur quelques vaillants hommes que j'ai longuement interrogés à Villevaudé et à Mongé-Latour. Je vais acheter des fromages, une charrette, et traverser les lignes en paysan fromager ; tout est prévu et préparé. Donnez-moi l'argent qui vous reste. On ne fait rien sans cela. Je verrai, en passant à Taillebourg,

le docteur Deramey, votre frère. Connaissez-vous quelqu'un à la Défense nationale ? »
— « Donnez mon nom, lui dis-je, à M. Sadi-Carnot, qui doit être, là-bas, un des secrétaires du gouvernement. J'attendrai de vos nouvelles tout un mois, et si quelque sortie de Paris se hasarde dans nos quartiers, je saurai ce qui me reste à faire. » Il me développa alors tout son plan contre les réserves d'artillerie, contre les parcs cantonnés à Chelles, à Lagny, à Villevaudé et au Pin ; — contre les magasins généraux concentrés à Claye. J'approuvai tout ; il partit, et quand M. B., inquiet de son départ, me dit : « Où donc se trouve M. Mallard ? — Ma foi ! commandant, vous le connaissez, il est d'humeur inquiète, et puis il est surtout négociant ; il cherche, en ce moment, à faire un peu de commerce avec les fromagers »

La fin du mois approchait. On parlait, plus fréquemment que d'habitude, d'une grande sortie des Parisiens vers les bords de la Marne. Le typhus exerçait ses ravages dans l'armée allemande. Je ne voyais passer que voitures d'ambulance. On comptait à peine un homme valide sur trois. Les officiers semblaient soucieux.

Me promenant un jour sur la route du Pin à Claye, je vis défiler tout un équipage de pontonniers avec les bateaux. C'était le 28 novembre. Le lendemain j'en parlai au capitaine X., qui me répondit : « Je monterai chez vous ce soir, entre neuf et dix heures. »

Il vint en effet, me remit une somme d'argent pour les pauvres gens de la paroisse : 20 ou 30 thalers environ, me recommanda la prudence et m'annonça qu'à trois heures du matin l'artillerie allait marcher vers la Marne. Il me pria, si un malheur lui arrivait, d'écrire à sa femme et de lui dire comment il avait passé les dernières semaines. Je le lui promis, il s'en alla, mais je ne pus fermer l'œil.

Toute l'artillerie saxonne de réserve décampa le 30 novembre, entre trois et quatre heures du matin, pour aller vers la Marne et Champigny. Le clairon ne sonna point. Les sergents frappèrent de maison en maison, aux portes ou aux volets, pour réveiller les soldats. Quand le jour parut, je m'en fus au château causer avec les concierges. Nous étions étonnés de la solitude qui s'était faite tout à coup, cela ne pouvait évidemment durer.

Je sortis du village vers la route de Lagny.

A force de prêter l'oreille, j'entendis quelques bruits lointains. Deux ou trois voyageurs m'assurèrent, le 30 novembre et le 1ᵉʳ décembre, qu'on se battait entre Champigny et Petit-Bry ; je ne distinguai rien et doutai de leurs paroles.

Inquiet, néanmoins, je me rendis à Chelles, chez l'excellent docteur Johannet, mon médecin et mon ami. Son fils Max et moi mettions en vain l'oreille à terre, on n'entendait que des bruits confus, comme si les forts du Sud et du Sud-Ouest avaient tiré sans discontinuer. C'était pourtant la bataille et je n'en eus de nouvelles assurées que le 5 et le 6 décembre.

DÉCEMBRE 1870

Dès le premier du mois, la colonne volante, qui se nommait *Proviande - Mandschaft*, troupe d'approvisionnement, vint s'établir au Pin et dans les environs. Le pillage reprit de plus belle, et pas un de ces ravageurs ne se demanda ce que penseraient au retour les artilleurs saxons, de leurs quartiers mis à sac.

Un soldat passa près de moi, s'en allant vers Lagny, avec deux édredons et deux pendules. Incapable de maîtriser un mouvement de colère, je lui reprochai sa mauvaise action, et comme il ricanait en me regardant, je frappai une pauvre vieille guérite, *Schilderhaus*, qui se trouvait là tout auprès : la « maison du bouclier » tomba en bottes. Je m'en fus dans les bois pour me calmer un peu, puis je rentrai au château, où l'on me dit que la garde me cherchait, en invoquant tous les diables.

De retour à la cure sans que personne m'eût inquiété, je me couchai en pensant à ceux qui mouraient, là-bas, tout près de la Marne. Le lendemain 2 décembre, à sept heures du matin, une voix me cria : « Monsieur le pasteur, levez-vous, nous avons à vous parler. »

Je me levai, j'ouvris : c'étaient deux gendarmes saxons, dont l'un m'était connu; on s'était déjà vu quand les princes avaient traversé le pays, du 18 au 20 septembre. « Qu'y a-t-il, demandai-je? — Le commandant vous attend au château et nous avons ordre de vous accompagner. » J'étais arrêté bel et bien. « Permettez-moi de me raser et de m'habiller convenablement. — Volontiers, monsieur le pasteur. Nous avons l'ordre de vous accorder une demi-heure. »

En sortant de chez moi entre les deux gendarmes, je vis les gens du château voisin et la famille du rez-de-chaussée de la cure à genoux dans la neige. Ils pleuraient en me disant : « On va vous fusiller, on nous l'a juré. Donnez-nous votre bénédiction. Nous allons demeurer ici en prières. — Je ne serai pas fusillé, et vous ne devez pas rester dans la neige. Rentrez chez vous, je vous reverrai bientôt. » Les bonnes gens n'en firent rien, les gendarmes gardaient le silence. Nous arrivâmes cinq minutes après au château de M. Delaroy, où m'attendait le commandant Kindt, un Saxon tout hérissé.

J'avais remarqué, dans la cour, quinze ou seize soldats qui chargeaient leurs armes en me lançant de mauvais regards. Ce fut bien pis une fois en présence de M. Kindt. Il darda sur moi des yeux furibonds accompagnés de paroles peu courtoises.

J'étais accusé non-seulement d'avoir fait chavirer le schilderhauss d'un fort coup de pied, mais encore d'avoir constamment, depuis l'arrivée du 12ᵉ corps saxon, excité les gens du pays à refuser tout service aux soldats de l'armée, prêché chaque dimanche contre l'Allemagne, entretenu des relations suspectes avec Meaux et Lagny ; enfin d'avoir essayé d'envoyer des espions à Paris. Sauf ce dernier point, il m'était facile de me justifier ou de m'expliquer sur le reste. M. Kindt ne décolérait pas. Il me lut avec une fureur majestueuse la proclamation du roi de Prusse où mon cas se trouvait qualifié; puis il me lança une nouvelle bordée d'invectives et me déclara nettement que j'allais être fusillé. Il me regarda alors pour voir l'effet produit.

En certaines circonstances, on fait bon marché de sa vie. Je tins ferme et lui dis : « Je vous prie, seulement, avant ou après la fusillade, de donner de mes nouvelles aux princes de Saxe. J'ai pu leur rendre un léger service, ils m'ont traité convenablement. Promettez-moi de leur transmettre mon adieu. »

A ces mots, le commandant Kindt se retourna et donna des ordres. Celui des gendarmes que je connaissais fut interrogé sur mes relations avec les princes.

« Le pasteur a dit la vérité, répondit ce brave homme, j'ai vu nos princes chez lui. — Rendez grâce au témoignage de ce sous-officier, me dit aussitôt le seigneur Kindt. Nous ne ferons pas de mal à celui qui a bien traité nos princes et qui en est estimé. Rentrez chez vous, monsieur! N'en sortez pas, car les fusils de nos soldats sont tous braqués sur vous. »

Je retrouvai dans la cour mes quinze troupiers, qui parurent ne pas faire attention à ma sortie en liberté. A la porte du presbytère, mes bonnes gens priaient toujours et se lamentaient; j'eus peine à les rassurer, et, pour obéir à M. Kindt, je m'enfermai chez moi et ne sortis ni le 3 ni le 4 décembre, songeant toujours à ce qui avait dû se passer sur la Marne et dont personne ne m'avait encore parlé.

Le 5, je demandai un sauf-conduit; je l'obtins et partis pour Chelles, où mon ami, le docteur Johannet, devait sans doute savoir quelque chose. Des obus passèrent en sifflant au-dessus de ma tête et parurent s'abattre à Montfermeil. Je ne comprenais rien à ces affaires d'artillerie. Arrivé dans la rue du docteur, je vis la façade de sa maison éventrée. Son fils Max, aimable enfant de douze ans, qui rôdait par là, me reconnut et me conduisit à son père, avec force paroles.

« C'est un obus français, me disait-il, qui a fait cela, et nous n'en sommes pas fâchés. On a dit à papa ce matin que, depuis deux jours, les projectiles français avaient tué ou blessé soixante chevaux dans les écuries de Chelles. Ah! les Saxons ne sont pas contents! » Son père vint me serrer la main. Un médecin bavarois était avec lui et répéta, pour moi, ce qu'il avait déjà dit à M. Johannet et que je résume ainsi : « Vos chassepots portent loin, messieurs, et les Saxons, aussi bien que les Bavarois, s'en souviendront longtemps! » Max m'emmena au jardin et me raconta comment, la veille, l'arrière-garde des fantassins allemands était rentrée à Chelles criblée de boulets et d'obus, et criant : « Malheur! Malheur! »

On m'a assuré depuis, que le mal causé à l'infanterie saxonne en retraite avait été l'œuvre des pièces fondues à Paris dans le mois de novembre. Max me faisait remarquer aussi que les soldats creusaient des passages dans les murs du jardin de son père et inscrivaient çà et là, en gros caractères, ce mot d'ordre : « *Nach retirade*, » Pour la retraite. Je ne compris pas d'abord; on m'expliqua la chose deux jours après

Je suppliai le docteur Johannet de quitter Chelles et de venir au Pin avec Max. « Je n'irai pas, me répondit-il. Vous voyez, il y a une ambulance installée chez moi pour les Français et les Allemands. Les médecins bavarois et saxons se montrent convenables. Bah! les obus ne pleuvent pas toujours. »

Rentré au Pin, je vis arriver, le 6 et le 7 décembre, les troupes d'artillerie qui l'avaient quitté le 30 novembre, de grand matin. Le colonel Von der P., le lieutenant-colonel F. et le commandant B. arrivèrent à leur tour. La cure était remplie, depuis la veille, d'officiers et de soldats. On ne m'avait rien caché: L'infanterie avait été abîmée. « Deux mille hommes de la Saxe, me disait un lieutenant, avaient été tués ou blessés dangereusement du 30 novembre au 2 décembre. » Les Bavarois avaient beaucoup souffert, aussi bien que les Wurtembergeois. « Ça ne fait rien, répétait le lieutenant, nous sommes prêts à recommencer. » Quel intérêt avaient donc les fils de la Saxe à se faire tuer pour Guillaume et Bismarck ?

L'infanterie, si bien houspillée par nos chassepots et nos pièces de 4 ou de 7, s'en alla je ne sais où. L'artillerie s'établit dans ses anciens quartiers et tout rentra dans l'ordre ou le désordre.

Le 8 décembre au soir, un capitaine vint me trouver et me tint ce discours : « Si les généraux Trochu et Ducrot se rendent compte du mal qu'ils nous ont fait à Champigny et à Petit-Bry, l'armée allemande doit s'attendre à une seconde attaque de leur part et, conséquemment, nous devons battre en retraite au moins de ce côté de Paris.

«Vous m'avez dit avoir vu à Chelles des préparatifs et ces inscriptions : « Nach retirade ». Vous pourriez voir la même chose sur les routes de Claye et sur tous les chemins qui conduisent à la route d'Allemagne. — Je l'avais remarqué, en effet, et n'en avais parlé à personne. — Nous avons perdu un monde fou, du 30 novembre au 3 décembre. Vous savez aussi bien que moi les ravages du typhus dans nos quartiers. On ne cesse d'ensevelir nos morts dans tous vos jardins. L'armée, du moins cette partie de l'armée qui occupe l'est de Paris, me semble démoralisée et incapable de soutenir une seconde sortie de l'armée de Paris. Tenez-vous donc prêt à nous voir bientôt battre en retraite sur la route d'Allemagne. Ces moments sont souvent terribles, et j'ai voulu vous avertir dans le but de vous sauver la vie ainsi qu'aux pauvres gens de la paroisse. Vous serez prévenu, mais préparez-vous à l'avance. Au signal que je vous ferai donner, vous réunirez les dix ou douze personnes qui sont demeurées avec vous ou qui sont venues d'ailleurs; vous les conduirez sur la colline qui domine le presbytère et le château ci-contre; vous vous munirez d'une perche afin d'y arborer un morceau d'étoffe blanche, et vous demeurerez là, sans aller ni à droite ni à gauche. Je préviendrai nos chefs et nul ne vous molestera. »

Je remerciai le bienveillant officier pour ses offres de services. Il savait bien que ses paroles demeureraient sacrées et que l'absence de M. Mallard, dont il semblait ignorer la cause, enlevait tout danger à ses confidences. Je prévins nos gens et chacun se tint prêt, mais la seconde sortie ne se fit point; ou plutôt quand elle se fit au Nord-Ouest, six semaines plus tard, MM. Trochu, Ducrot et les autres avaient décidé la capitulation.

Je me suis demandé souvent pourquoi les chefs de la Défense nationale, enfermés dans Paris, avaient eu l'air d'ignorer ce qui nous crevait les yeux à nous tous, demeurés dans les lignes d'investissement. L'armée assiégeante était très-affaiblie, on le savait à Paris aussi bien que dans la banlieue. Les généraux Faidherbe et Chanzy, pour ne parler que des plus connus, occupaient la meilleure partie des forces allemandes laissées libres. Une deuxième sortie vers la Marne et dans la direction du Pin et de Claye dégageait tout l'orient de Paris. Des avis précis parvinrent à MM. Trochu et Ducrot à partir du 20 décembre. C'est ici le moment de parler de mon paroissien et espion Ad. Mallard.

Ce qui va suivre me fut raconté par lui-même en janvier et confirmé quelques mois après par M. Sadi-Carnot, qui me répéta chez son père, le sénateur actuel, les principaux détails de cet incident.

M. Mallard parvint à Bordeaux, vers le 20 décembre, après des difficultés et des fatigues considérables. Sans perdre de temps, il se mit en rapport avec la délégation nationale et inspira confiance à M. Sadi-Carnot, en lui disant qu'il venait de ma part, et lui donnant certains détails qui devaient le rassurer complètement.

M. Sadi-Carnot le présenta à M. de Chaudordy et à quelques chefs militaires. Ad. Mallard leur exposa la situation du 12º corps saxon, déjà si affaibli ; combien il serait facile à des hommes résolus, choisis parmi les soldats, les mobiles et les volontaires de Paris ou de la banlieue, de culbuter dans la Marne ou autrement les parcs d'artillerie, les convois, les hommes ; de s'en emparer et de faire ainsi, jusqu'à Claye, une marche heureuse. Ad. Mallard les assura que je veillais nuit et jour, et qu'à la moindre alerte dans le sens indiqué par nos instructions mutuelles et précises, je serais là, guidant la marche avec l'expérience que je possédais des lieux et de la force relative des quartiers. Mon ami entra dans les plus petits détails, M. Sadi-Carnot assura qu'on pouvait se fier à mon patriotisme. Après deux ou trois jours de pourparlers et d'hésitations, la direction militaire prit le parti de renseigner le général Trochu sur ce qui pouvait être tenté à l'est de Paris. Des pigeons voyageurs furent renvoyés à la capitale, et tout aussitôt le général Trochu manda le maire du Pin, M. Delaroy, avec quelques notables de la banlieue située entre la Marne et la route d'Allemagne.

L'assemblée fut nombreuse. M. Delaroy appuya mes indications et dit à haute voix : « Tout cela doit venir de mon curé du Pin. » Gustave Lambert, qui se fit tuer un mois après, soutenait énergiquement M. Delaroy. Plus de cinq cents volontaires et soldats, très au fait du pays, se chargeaient de la besogne.

MM. Delaroy et Gustave Lambert revinrent une seconde fois à la charge; tout fut inutile. Nos projets n'entraient pas dans le plan Trochu. Hélas! disons-le une fois de plus, on ne voulait pas que la République fut victorieuse! Qu'on me pardonne ces réflexions amères. Les officiers allemands, ne comprenant rien à l'inaction de M. Trochu, en disaient bien davantage.

J'avais supputé les journées, donné au hasard et aux lenteurs des conseils toute la latitude imaginable. On arrivait à la fin de décembre et rien ne me prouvait que les plans de M. Mallard eussent été acceptés, soit à Bordeaux, soit à Paris. Je m'était remis à l'étude et j'allais, chaque semaine, à Lagny ou à Meaux, toujours à pied, le plus souvent avec le sacritain Marnet, qui s'était fait mercanti à l'usage des Allemands.

Nous marchions, une fois, à la suite de quelques voitures sur les bâches desquelles se trouvaient imprimées la croix rouge de Genève et tout auprès les armes britanniques. C'étaient des Anglais qui trafiquaient avec les Allemands et qui se vantaient, dans leurs journaux, de mettre leur industrie et leur dévouement au service de la France. J'ignorais encore tout ce que j'appris plus tard. En dépassant les conducteurs, qui me faisaient l'effet de véritables gentlemen, je levai mon chapeau et prononçai un « England for ever! bien senti. « Vive la France ! » répondirent ces messieurs. Au fond, ils durent se moquer de nous, sur cette route, comme eux et leurs pareils s'en moquaient en Angleterre, tout en encaissant nos dernières ressources. « Voyez-vous! » me disait Marnet, un peu gris dès le matin : « pas un de ces gens-là ne ferait un mercanti à ma hauteur. »

On ne parlait à Meaux, vers la fin de décembre, que des exploits d'un corps de francs-tireurs qui nécessitait la présence de plus de six mille Allemands, organisés en brigade volante, dans une partie de Seine-et-Marne, de l'Aisne, de l'Aube et de la Marne. Nos hardis partisans étaient, pour la plupart des enfants du pays : bourgeois, paysans et ouvriers. Plusieurs avaient des chevaux, et la rapidité de leurs coups tenait en éveil les chefs allemands de la Brie et de la Champagne. Des curés faisaient campagne avec ces braves jeunes gens, dont le nombre s'élevait à cinq cents, suivant l'estimation commune. On s'entretenait aussi d'un jeune desservant des environs de Provins qui, rentré de bonne heure afin de dire une messe qu'on lui avait demandée, fut dénoncé par la maîtresse d'école du lieu, son ennemie depuis longtemps. Son fusil avait été trouvé au presbytère avec des preuves manifestes d'un usage tout récent. On le prit à sept heures et on le fusilla à huit, devant le portail de son église. Cette histoire lamentable me fit souvenir du commandant Kindt et de mon conseil de guerre, mais il me fut impossible alors — et l'on comprend pourquoi — de connaître exactement le nom du jeune curé et celui de sa paroisse. On prononça devant moi le nom de Cuchery et je ne sus jamais si c'était celui du prêtre ou d'une commune des environs de Provins.

Les Allemands fusillaient donc sans pitié tout franc-tireur, les prêtres encore plus vite que les autres. Un de mes voisins, le curé d'Aulnay-lès-Bondy, faillit éprouver le même sort. Il en fut quitte pour un conseil de guerre qui l'envoya dans une casemate de la forteresse de Spandau. Voici pourquoi : une fenêtre du presbytère donnait en face le fort de Romainville. Souvent, le curé d'Aulnay étudiait bien avant dans la nuit, et sa lampe inquiétait les Teutons. « Vous correspondez avec le fort, lui dit-on à plusieurs reprises ; couchez-vous de bonne heure ou allez étudier et veiller dans une autre chambre. » Le curé leur répondait : « Parbleu ! charbonnier est maître chez lui. Je puis veiller où bon me semble. »

On lui fit voir alors que les proverbes ne sont pas vrais en toute saison.

Un autre confrère des environs de Villepinte, furieux d'un acte insolent et brutal commis par un officier prussien, le lui reprocha vigoureusement. L'officier colleta le curé, lequel, fort et adroit, administra à l'agresseur une correction méritée. La garde vint et empoigna le prêtre. J'ai su qu'on n'avait pas osé le fusiller. On le transporta, et il dut regretter la vigueur de ses biceps durant son voyage vers les bords de la Sprée.

« Vous autres prêtres romains, m'avait dit le commandant Kindt, vous êtes de mauvais hommes. — Entendez-vous par là, avais-je répondu, que nous avons tort de vous détester? » La vieille haine du Germain à l'égard du Gaulois ou du Latin, *et vice versâ,* revivait alors à la distance de plusieurs siècles.

JANVIER 1871

Les Allemands se fatiguaient de ce siège de Paris qui n'aboutissait à rien qu'à des ruines mutuelles. L'armée saxonne et bavaroise n'obéissait plus qu'à la terreur. Chaque jour, à Villeparisis, les conseils de guerre condamnaient les insubordonnés, le plus souvent à la réclusion dans une enceinte fortifiée, rarement à la fusillade immédiate. Le lieutenant-colonel F., excellent homme de l'aveu de tous, venait pleurer chez moi et dans la chambre du commandant B. toutes les condamnations qu'il lui fallait infliger. Il était membre du conseil de guerre siégeant à Villeparisis et « cela, disait-il empoisonnait son existence ». Le fait est que les auxiliaires de la Prusse en avaient assez et qu'ils ne se gênaient pas pour le dire. On devait le savoir à Paris, mais aucun acte hardi en dehors des murs ne venait le démontrer. Chaque soir, on se barricadait, on éteignait les feux, on posait des sentinelles. « Francs-tireurs beaucoup et méchants, » me disait-on. C'était nos amis de la Marne et de l'Aube qui faisaient leur possible. Quant à ceux de Seine-et-Marne et de Seine-et-Oise, ils ne dépassèrent jamais, au nord, La Ferté-Alais.

Je retournai à Chelles, où le docteur Johannet s'obstinait toujours à rester, quoique livré souvent avec son jeune fils, mon ami Max, à un dénûment dont on ne saurait se faire une idée. L'hiver continuait ses rigueurs. Un jour le commandant B. se plaignait de ne savoir rien de son frère, cantonné à Chelles; de mon côté, je désirais y revoir mes amis. M. B., trouvant le froid trop vif, tenait absolument à me donner sa capote fourrée. Ainsi accoutré je partis. Les obus pleuvaient encore par-dessus Chelles, dans la direction de Montfermeil. Je trouvai le frère de M. B. en joyeuse compagnie et se louant fort de quelques dames de Chelles. Au retour, ayant appris la rentrée de la famille Farcy au village du Pin, je voulus l'aller voir, car c'étaient d'excellents paroissiens et amis. Les soldats qui emplissaient la ferme Farcy me menacèrent et m'insultèrent indignement. Selon mon habitude, je leur dis quelques mots vigoureux. Rarement la capote fourrée de M. B. en avait entendu de pareilles.

Le commandant militaire de Chelles m'avait appelé à deux reprises « pour faire l'ordre dans l'église ». Cela voulait dire que l'église si belle et si riche de Chelles avait été pillée et souillée à plusieurs reprises, et que mon sacristain Marnet et moi étions requis, avec deux ou trois soldats, pour remettre un peu d'ordre dans la dévastation. Je n'eus pas besoin d'en faire autant à Claye, où l'intendant supérieur Scheller, pasteur luthérien, protégea l'église en y célébrant fréquemment son culte; et d'ailleurs le respectable curé-doyen de Claye, qui, dès le début, avait cédé comme presque tout le monde à l'effarement général, n'avait pas tardé à rejoindre son poste. M. le curé de Chelles fut averti, à Meaux, de l'état des choses et ne parut pas s'en émouvoir autrement. Ne faisons point de zèle, me disais-je alors. Mon voisin, le curé de Villevaudé, gardait son presbytère, fort isolé, et sortait peu;

il avait raison, car, malgré toute sa vigilance, des actes d'hostilité brutale furent commis contre ceux qu'il abritait, qu'il nourrissait, et qu'il eut parfois beaucoup de peine à défendre.

Le bombardement de Paris était commencé. J'avais assisté, sans le vouloir, aux travaux préliminaires de quelques batteries fixes. Les énormes pièces de Krupp roulaient et défonçaient nos chemins. La nuit, bien souvent, les feux électriques, partis des forts de Paris, illuminaient l'espace compris entre Courtry, Vaujours et le Pin. J'entendais des bruits de batailles. *C'étaient des sorties* de nuit pour enclouer les pièces. Je ne connaissais que vaguement les derniers efforts de Faidherbe et de Chanzy. Enfin, vers le 10 janvier, Ad. Mallart m'arriva.

Mon ami n'eut pas besoin de m'interroger sur le résultat de ses tentatives : il vit trop bien que rien n'avait été essayé. Lui, qui avait toujours espéré contre l'espérance, en éprouva un désappointement douloureux. « On ne veut pas aider la République à vaincre, » lui disais-je, et il se taisait. Il me parla de mon frère, le docteur Deramey, qu'il avait été voir à Taillebourg, sur les bords de la Charente; de M. Sadi-Carnot, qui l'avait aidé à Bordeaux avec une persévérance digne de résultats meilleurs. Il me vanta aussi beaucoup M. de Chaudordy, et il me remit avec des précautions infinies un brevet d'aumônier du corps des volontaires de la Champagne. Ce brevet était daté du 23 ou du 28 décembre, car les chiffres pouvaient se confondre, et limitait mes services de volontaire ou d'aumônier au corps que Ad. Mallard devait lever et réunir à celui qui, depuis deux mois, mettait les Prussiens aux champs. Mon brevet, qui me parut alors plus cher que toute autre distinction, portait la signature d'un général *Hall* ou *Hacc*. C'était probablement celle du général Haccat, comme je l'appris depuis.

Ad. Mallard me raconta les péripéties de son voyage, les bons tours qu'il avait joués aux sentinelles et aux gendarmes allemands. On riait parfois, malgré tout, parce qu'on gardait encore un peu d'espoir.

Nous résolûmes, un jour, d'aller aux nouvelles à Lagny; mais là, en présence de douze cents prisonniers français de toutes armes et de tous grades qu'on avait amenés d'Orléans pour les interner en Allemagne, nos dernières illusions se dissipèrent. Je dus me multiplier pour donner du vin et de l'eau à nos malheureux soldats. Le froid était vif et c'était la soif qui les pressait le plus. De braves gens de Lagny, pauvres pour la plupart, m'appelaient et me donnaient du vin.

Je demandai au capitaine bavarois qui me semblait conduire toute la troupe les permissions nécessaires : il le fit volontiers. « Allez voir aussi dans l'église, ajouta-t-il. » Je m'y rendis aussitôt, et je vis là nos pauvres soldats couchés sur la paille et maudissant leur destinée. A leur accent, je reconnus plusieurs compatriotes saintongeois qui me prièrent d'écrire chez eux. Je le fis et je sais que les familles reçurent ces lettres, que je faisais passer par la Suisse. Le capitaine bavarois me suivait de l'œil et me disait : « Vous avez le temps. » Pendant mon séjour à l'église de Lagny, Ad. Mallard avait pris à part un sergent-major d'infanterie pour l'interroger avec soin. En retournant au Pin, une heure après, je vis que mon ami caressait encore des illusions; moi, je n'en avais plus.

Pour lui faire plaisir et risquer un dernier effort, je l'accompagnai à Meaux. Il devait se faire reconnaître, avec les pouvoirs à lui conférés à Bordeaux, des citoyens que M. de Chaudordy lui avait désignés. Nous fîmes ainsi deux voyages. MM. Darcy, Petit et les autres donnèrent de bonnes paroles à M. Mallard. « Attendez un peu, lui dirent-ils, nous nous ménageons pour la retraite. » Ils avaient lu, eux aussi, sur les poteaux et les murailles ces mots : « Nach retirade, » et ils semblaient y croire encore. Mon ami rageait au fond, mais ne voulait pas l'avouer. « Ayez confiance, me disait-il, je vais entreprendre une dernière tournée du côté de Provins. Aidez-moi si c'est possible. » Il fallut réunir ses dernières ressources : je le fis sans regrets. Ad. Mallard essaya plus tard de m'indemniser : je le tiens quitte de bon cœur.

Nous aurions pu, en ce moment peut-être, rendre quelques services, si Paul de Jouvencel et Nourry, son lieutenant, avaient été près de nous; mais ces vaillants hommes étaient à Paris sans doute. Je ne revis Nourry, de Meaux, qu'en mars suivant, et nous nous racontâmes nos déboires mutuels. La fin de janvier approchait; la capitulation n'était pas loin. Quel triste moment! Il faut pourtant s'armer de courage et en parler froidement.

Les oiseaux de mauvais augure s'étaient multipliés. Un officier de Dusseldorf, M. von O., qui se disait ultramontain ardent et comprenaît le patriotisme à sa façon, s'était fait un devoir et comme un plaisir de m'annoncer l'entrée des Allemands au fort d'Avron, la retraite de Faidherbe, son insuccès à Saint-Quentin, les revers de Chanzy sur la Loire et au Mans. Je dévorais ces affronts en silence M. B. s'en aperçut et, croyant m'obliger, fit observer au jeune d'O. que, selon une habitude déjà vieille de trois mois, on ne parlait chez moi ni de politique ni de religion. « Mais, fit d'O., ce que j'ai dit à M. le Curé ne concerne que les nouvelles de la guerre. Il m'a semblé bon de lui faire connaître la situation véritable de son pays. » Les jeunes officiers n'avaient pas tous la retenue de leur porte-drapeau F.

Un autre jour, arriva à la cure le plus jeune des frères du commandant B. Il se nommait Lothaire et servait comme lieutenant dans l'infanterie.

On parla des correspondances et des difficultés existantes pour envoyer des lettres au-delà de la Loire. Je crus devoir, à cette occasion, remercier le commandant B. du soin qu'il prenait de faire parvenir mes lettres à ma famille, sur les bords de la Charente, en les confiant aux postes allemandes qui communiquaient avec Bâle et Berne. — « Comment, mon frère, dit Lothaire, vous favorisez à ce point M. le Curé ici présent ? — J'ai toujours considéré, reprit le frère aîné, M. le Curé du Pin comme un honnête homme, incapable de me nuire. — C'est égal, ajouta Lothaire, soyez prudent et lisez les lettres auparavant. — Je ne le ferai pas, répartit l'autre. »

Il avait raison. Rien dans mes lettres à mes parents et à mes amis, pendant près de six mois que j'usai de son entremise, ne fut de nature à lui attirer le moindre désagrément ni à faire connaître aux miens ce que j'entendais dire chez moi par M. B. et ses amis. Les renseignements portés à Bordeaux étaient le fruit de mes recherches personnelles et n'appartenaient qu'à moi.

Le 29 janvier, j'allai seul à Meaux. Le temps était superbe. Deux cavaliers de la landwehr passèrent au galop et entrèrent en ville. On me dit, peu après, que ces deux estafettes apportaient la nouvelle d'un armistice. Je repris la route du Pin et fis les six ou sept lieues qui me séparaient de mon village avec une grande tristesse. Le soir, au dîner, mes hôtes ne me dirent rien. On voulait, vu ma fatigue, me laisser dormir tranquille.

« M. B. vous demande, » me dit l'ordonnance Trébitz dès qu'il fit jour.

C'était un dimanche. Je songeais en m'habillant à mon sermon. M. B. me dit à demi-voix : « Je n'y comprends rien, monsieur le Curé. Nous avons l'ordre de marcher vers les forts ; on parle de capitulation. Une guerre civile a dû éclater à Paris, sans cela..... » Voyant ma tristesse, il n'ajouta plus rien ; il me dit au revoir et je m'en fus à mon église m'agenouiller devant l'autel et me repaître de mon chagrin. C'était donc ainsi que la Défense nationale devait finir!! Il me fallut pourtant faire bonne contenance, dire la messe, prêcher un quart d'heure et dire à mes rares assistants de se préparer au retour des voisins et amis.

Les Allemands paraissaient plus surpris que joyeux de cette capitulation. Que devais-je donc penser, moi ? Deux ou trois jours après, M. B. et le cornette Fl. étaient de retour. « Vous allez donc parader sous l'Arc-de-Triomphe et aux Champs-Elysées ? leur dis-je. — Je voudrais n'être jamais venu ici, répondit Fl., avoir tant souffert et pour rien !! » Le brave porte-drapeau avait mille fois raison. La Saxe et la Bavière avaient versé pour la Prusse, le plus jeune, le plus pur de leur sang et n'obtenaient en retour qu'une satisfaction dérisoire. Je ne dis rien des charretées de croix noires et blanches qui roulèrent sur le chemin du Pin à Courtry et du Pin à Chelles.

Ad. Mallard revint enfin et fit distraction à mes ennuis. « Ma foi! mon cher Curé, je me soumets au destin. Ma femme et mes enfants vont revenir. Il me faut gagner de l'argent. Je vais acheter une voiture si je puis et tenter quelques affaires. » Je soupçonnais alors que l'espoir d'une restauration avait peut-être séché ses larmes. Les Français eussent chassé les Allemands si une partie de ces mêmes Français avait pu oublier toute dynastie et ne songer qu'à la France.

FÉVRIER 1871

———

L'armistice était connu et accepté de toute la France le 1ᵉʳ février. J'allais donc voir revenir mes paroissiens du Pin et de Courtry. Je n'étais pas sans appréhension et je m'en étais ouvert au commandant qui demeurait chez moi. Lors du plébiscite de malheur qui fut la cause évidente de la troisième invasion de la France dans le même siècle, je n'avais pas craint de dire « non » à bulletin ouvert. Nous étions seize en tout, sur trois cent trente électeurs votants, dans les deux communes du Pin et de Courtry, qui eussions refusé de prolonger l'expérience de l'Empire

Jusqu'au mois de juillet, ou plutôt jusqu'à la déclaration de guerre à l'Allemagne, les choses allèrent tout doucement. A partir de ce moment, tous ceux qui avaient dit « non », et on les connaissait sans peine, furent traités comme les ennemis de l'empereur et de la France. Avant même que les Allemands eussent passé la frontière, j'avais reçu des insultes et entendu des menaces. Ce fut bien pis à partir des premiers revers. Quelques hommes, poussés par la police impériale, vinrent chez moi armés de fusils. On m'avait averti. Je leur parlai d'une fenêtre du premier étage : « Retirez-vous, mes amis, leur dis-je. Si vous menacez ma vie, je la vendrai chèrement; allez et songez plutôt à ce malheureux pays qu'à l'empereur, qui nous perd tous également. »

M. Delaroy, maire du Pin, partisan de l'Empire jusqu'alors, commençait à y voir clair; même avant Sedan il me protégeait; sans cela, j'ignore ce qu'on eût fait de moi. Dans quelles dispositions allaient revenir tant de gens affolés et ne sachant rien de nos misères et de nos privations au milieu des Allemands!

Je ne m'étais point trompé.

Les soldats avaient, pour se garantir du

froid, amoncelé dans les mansardes de la cure un tas de choses sans nom. Il fallait entendre mes paroissiens dès leur retour. C'était moi qui avais dépouillé les maisons ! Et les Saxons, trouvant les gens si crédules, s'en donnaient à cœur joie contre le pasteur républicain si peu sympathique à la « Saxonie » et à la Prusse. J'avais entassé dans mon église, tant bien que mal, des chaises, fauteuils, pianos, divans, etc., qui avaient résisté aux pillages du commencement de décembre et que d'honnêtes officiers avaient voulu sauver ainsi. C'était moi qui avais dépouillé les maisons bourgeoises, les châteaux, aussi bien que les chaumières !! Jetons un voile sur ces vilenies. Les chefs saxons furent indignés et prirent mon parti ; mais, dès ce moment, je me sentis détaché à tout jamais de cette paroisse que j'avais tant aimée et pour laquelle j'avais tant souffert.

Les réquisitions de guerre et les pillages avaient causé au Pin pour 750.000 fr. de dégâts, pour 400.000 fr. environ à Courtry ; les comptes en furent établis et très-exactement. Les réquisitions de l'armistice faillirent changer la banlieue en désert. Les notables, qui étaient revenus, les gros fermiers, etc., prenaient de nouveau la fuite et se cachaient dans les bois quand on prévoyait l'arrivée des réquisitionnaires. Quelle honte pour l'Allemagne que de tels procédés en pleine trêve!!

Je demeurai donc le plus souvent seul, et je défendis jusqu'à la fin, comme c'était mon devoir, les dernières bribes des biens de mes deux communes paroissiales. Les visites inquisitoriales se ressemblaient toutes. « Vous êtes le curé du Pin et de Courtry? — Oui, monsieur. — Où sont le maire, l'adjoint ou les notables? — Je ne sais. — Prenez garde! c'est vous qui leur avez dit de s'enfuir avec leurs voitures, leurs provisions et leur bétail? — Je vous affirme que non! » Ici, je mentais bien souvent. « Puisque vous êtes le seul notable, la seule autorité, vous allez établir, de concert avec moi (c'était tantôt un officier, tantôt un riz-pain-sel, tantôt un volontaire de dix-huit ans), l'état des contributions requises. — Je n'établirai rien, car vous avez déjà tout pris et il n'y a rien à prendre. Nous sommes en trêve, d'ailleurs, et vous ne pouvez rien exiger sans vous conduire comme des brigands. — Prenez garde! on vous conduira à Spandau. — On ne me fera rien du tout, car je sais que votre conduite actuelle est blâmée en haut lieu, qu'elle est contraire au droit des gens et qu'elle vous couvre de honte ! »

Le commandant B. se taisait et se montrait anxieux. Ma servante et ses enfants, qui étaient revenus de Paris, me prodiguaient leurs conseils, leurs prières et leurs larmes. « Ils vous tueront, disait la mère, vous ne savez que leur dire non ! » Par bonheur, un haut personnage, officier de cavalerie, vint nous rendre la paix. C'était au lendemain de la visite d'un volontaire plus insolent que les autres. On m'avait menacé d'un escadron, et l'escadron vint, en effet, se ranger de bonne heure entre l'église et la cure. « M. le Curé ? dit un officier. — C'est moi, monsieur ! » — Il me regarda, et puis se pencha sur le pommeau de la selle, en me parlant tout bas : « Que votre visage ne témoigne rien, monsieur le Curé. Je suis le prince de.... (J'ai oublié son nom.) On m'a parlé de vous. Je connais vos misères. Désormais on vous laissera tranquille. Si l'on venait encore pour des réquisitions, envoyez promener les réquisitionnaires. » Il me salua du regard; puis, élevant la voix : « Prenez bien garde à vous, monsieur ! » Cela dit, il s'adressa à l'escadron d'un ton superbe de commandement, et tout le monde détala. Je racontai la chose à M. B... « C'est le prince de....., me dit-il. Ça ne m'étonne pas. Vous serez tranquille désormais. »

MARS 1871

———

L'artillerie saxonne quitta la banlieue de Paris pour s'en aller au-delà de Reims, du 7 au 8 mars. Le commandant B., témoin de la misère générale du pays, me laissa une nouvelle aumône pour les pauvres les plus nécessiteux. Il partit en me recommandant, comme toujours, la patience et la prudence. C'était un homme vaillant, juste et bon.

Après quelques jours de solitude relative, une partie du 32ᵉ régiment, appartenant au 11ᵉ corps, vint s'établir au Pin. C'étaient, pour la plupart, des Prussiens rhénans, commandés par un colonel qui se nommait, je crois, von H., car il me dit un jour, en me montrant sa bague annulaire : « Voici mon nom et mes armes ! » C'était un cerf (*hirsch*). Ce colonel avait commandé la place d'Elbeuf, pendant deux ou trois semaines ; mais presque tout le temps il avait pris part à la camgne dont les faits les plus saillants se nomment Orléans, Patay, Vendôme, Châteaudun. « Ce n'est pas moi, disait-il souvent, qui me moquerai des mobiles français. Je sais ce qu'ils valent. Quand je passais le Rhin, mon régiment comptait plus de deux mille hommes : il ne m'en reste pas sept cents aujourd'hui. Les balles de vos moblots, nos insomnies forcées, ont réduit le régiment dont j'étais et je suis encore si fier. »

Les nouvelles du 18 Mars arrivèrent au village par les marchands qui se rendaient, chaque jour, aux halles de Paris. Des idées noires m'envahirent de nouveau et le colonel parut soucieux. Il me fit appeler, le 21, de grand matin et me dit : « J'ignore ce qu'on veut faire des soldats allemands, mais j'ai reçu l'ordre de marcher de nouveau vers Paris. Il paraît que MM. Thiers et Bismarck se sont mis d'accord pour étouffer l'insurrection du 18 Mars. Je ne comprends rien à cette politique. Je crains seulement les révoltes de nos soldats. Adieu ! je regrette de vous quitter pour m'éloigner encore de mon pays. »

Les clairons sonnèrent; la revue du petit régiment se fit aussitôt, et quand on eut expliqué aux soldats l'ordre de marche, j'entendis une tempête de blasphèmes. Les malheureux s'étaient figuré qu'ils allaient faire par le flanc droit, on leur disait : par le flanc gauche. Plusieurs jetèrent leurs armes. J'en vis qui mettaient leurs fusils sur leur genoux comme pour les briser. Le colonel se montra impassible. Ses hommes l'aimaient après tout; l'ordre fut rétabli et ils s'en allèrent tous vers Coubron et Clichy.

Deux ou trois jours après, un jeune lieutenant, qui se disait de Berlin, vint tenir garnison chez nous avec un faible détachement. Il se logea naturellement à la cure, ainsi que plusieurs hommes. Cette habitude dura une année entière. J'ai dit plus haut pour quels motifs on m'écrasait ainsi de logements militaires.

Le lieutenant prussien vint me saluer, et sachant me froisser dans mes opinions, il me dit presqu'aussitôt : « Voyez-vous, monsieur le Curé, la France est punie pour avoir tué Louis XVI, et elle ne retrouvera la paix et

l'ordre qu'en restaurant ses princes légitimes. »
Je ne répondis rien et lui montrai la porte. Il
demeura à la cure jusqu'en juin, mais plus
jamais il ne m'aborda. L'Assemblée de malheur faisait déjà des siennes, et nos ennemis
se figuraient que l'opinion de la France était
parfaitement représentée par les royalistes et
les bonapartistes réunis à Bordeaux. J'avais
vu de quelle manière les élections s'étaient
faites dans nos alentours et je savais qu'à
part cinq ou six départements, l'opinion républicaine n'était forte que dans nos grandes
villes.

Mon sacristain allait presque tous les jours
à Paris et me rapportait des journaux, ceux
de la Commune, évidemment. La situation me
semblait pire qu'en décembre. Je comprenais
bien les colères et les défiances incurables,
mais ne fallait-il pas se dominer, à tout prix,
tant que les Allemands étaient là ?

Parmi ces tristesses, dont l'une aggravait
l'autre, un quidam donna la note gaie : c'était
un lieutenant d'artillerie saxonne détaché en
mission pour étudier, je crois, les hauteurs
de Vaujours et Courtry jusqu'à Villevaudé,
Mongé-Latour et au-delà. Il se nommait B. et
l'on racontait de lui des traits peu valeureux

qui dataient des journées terribles de Champigny et de Petit-Bry.

Un jour, des gendarmes escortaient quelques pauvres soldats français. On les ramenait à Versailles, d'où ils s'étaient enfuis. Le lieutenant B. se tenait à la porte du presbytère, la main sur la hanche et la poitrine en avant. « Quelle mine piteuse font ces petits soldats ! » dit-il tout à coup. — « Lieutenant, lui répondit quelqu'un, ils n'ont pas six pieds comme vous, mais ils se tiennent plus droits que vous ne le fîtes un certain jour. » Le lieutenant se retourna d'un air provocateur. « Oui, continua l'autre, ces hommes n'ont pas six pieds ; mais quelle hauteur supposez-vous bien entre un caisson et la terre ? » Chacun savait que le fanfaron avait mis pied à terre à Champigny et s'était retiré sous un caisson pendant une pluie d'obus. Le fier lieutenant ne se retourna plus. Il s'en alla majestueusement et ne remit jamais les pieds au presbytère.

AVRIL ET MAI

J'avais repris mes études et mes occupations pastorales. Mes deux catéchismes étaient nombreux et, bien que les enfants eussent été mal disposés tout d'abord, leur amitié m'était revenue. J'en avais toujours une troupe avec moi et ils me rendaient mille petits services, car la mortalité fut grande dans nos quartiers jusqu'à la fin de l'année. Sur une population réduite à mille habitants, je donnai la sépulture, en moins de six mois, à soixante-quinze personnes de tout âge et de tout rang. Les privations, le chagrin, le typhus faisaient leur œuvre. Je vois encore mon vieil Anselme, adjoint de Courtry, rentrer dans sa maison démolie, ne retrouvant plus rien de ce qu'il y avait laissé. Son chai vide, sa cave défoncée. « Je vais en mourir », me dit-il ; puis il se coucha sur un pauvre lit. Quelques jours après, je le menai au cimetière. La mort frappait principalement sur ceux et sur celles qui avaient vécu de privations à Paris, entassés dans des chambres trop étroites.

Le percepteur nous apporta un peu d'argent. Je lui en donnai aussitôt pour encourager nos gens à payer une part de leurs contributions. M. Delannoy me remercia et me dit : « Vous avez payé le dernier en septembre, alors que les Allemands arrivaient ; vous payez maintenant l'un des premiers : je vous remercie et je le dirai à l'occasion. » M. Delannoy était cousin d'Emile Augier et oncle de Paul Déroulède, l'auteur des *Chants des soldats*.

Les évènements de la Commune suivaient leur cours. Je rencontrais souvent des soldats et des sous-officiers qui me disaient : Nous nous sauvons de Versailles. — On vous rattrapera. Ne pourriez-vous mettre d'accord vos opinions et votre devoir de soldat ? Ils se taisaient et s'en allaient par toutes les routes.

Le dénouement de la crise fut terrible, comme on sait. La soirée de mai, où les monuments de Paris flambèrent sous les étreintes du pétrole présenta un spectacle épouvantable, même dans notre banlieue, à trois ou quatre lieues de l'infortunée capitale. Le ciel était rouge et embrasé dans toute son étendue ; les détonations et les bruits de la fusillade semblaient partir de Chelles et de Montfermeil. Dans les rues du village, les femmes et les enfants se lamentaient : « C'est la fin du monde, » disaient-ils. Le jeune Mottet, de la ferme des Omnibus de Courguin, était près de moi et nous n'échangions pas un mot. Les soldats avaient grimpé sur les murs du presbytère, au-dessus de la fontaine. « Paris capùt, me dit l'un d'eux en grimaçant un sourire. — Dieu vous garde, lui répondis-je, qu'un Français ne vous dise un jour, dans le voisinage de votre capitale prussienne : Berlin capùt ! » Le lieutenant, qui m'avait reproché la mort de Louis XVI, vint faire un tour au jardin en se frottant les mains. Jamais je ne compris mieux qu'en cette affreuse soirée toutes les haines allemandes contre Paris, qui est le résumé de nos gloires et de notre civilisation.

Après l'entrée de Mac-Mahon dans Paris, les Allemands se retirèrent peu à peu. Chacun au village reprit ses habitudes et je conduisis cinquante ou soixante enfants du Pin et de Courtry à la confirmation, que l'évêque de Meaux leur administra dans l'église de Claye.

Je préparai ensuite les premières communions. Tout fut terminé en août. Les derniers soldats, c'étaient encore des Prussiens, ne quittèrent la cure que le 25 septembre. On m'avait donc imposé le logement militaire un an et une semaine : il y avait eu parfois trente et quarante officiers et soldats. Le presbytère, cependant, n'avait point de dimensions exagérées, et la maison souffrit, presqu'autant que l'église et le curé, du passage, du séjour des troupes et de leurs dévastations. Mais ceci doit peu compter en comparaison de tant d'autres misères. Tout souvenir pénible, toute amertume s'effacent avec le temps. L'espoir est plus fort que tout, et c'est lui qui est le grand consolateur.

UN MOINE ALLEMAND

Il n'était bruit, au mois d'août 1871, parmi les commères du pays compris entre Chelles au sud, Livry et Sevran au nord, que d'un moine blanc, venu récemment du Luxembourg. Ce moine, augustinien ou dominicain, peu importe, vivait avec les officiers supérieurs d'un corps de Poméraniens. On le voyait, sur les routes et dans les rues, fumer d'énormes cigares en contant des histoires salées pour la plus grande joie des majors et des oberst de toute arme. Le général de M..., d'une vieille famille française émigrée en Prusse, lui témoignait une affection particulière. Le moine avait présenté ses respects aux religieuses de l'abbaye de Livry, lesquelles, en retour, offrirent à ce moine si respectueux un pavillon de leur jardin. Quelques bonnes gens de Courtry, qui avaient vu le moine se promener à Coubron, désiraient fort que j'abordasse un personnage si bien traité par les chefs de l'armée allemande. Je n'étais pas de leur avis : ce moine ne me disait rien qui vaille.

Par une après-midi de ce même mois d'août, une voiture à deux chevaux s'arrêta devant le presbytère du Pin et j'entendis une voix : « M. le curé est-il là? » C'était la première assistante de l'abbaye de Livry qui venait m'inviter à goûter au monastère, en compagnie de l'excellent moine : « un homme qui..., un religieux que... » Bref, je crus devoir accepter, tout en flairant un mauvais coup.

La bonne dame me fit entendre que le général de M... assisterait à l'entrevue.

« Quel excellent homme! disait-elle. Bien que calviniste et Prussien, il met à notre disposition sa voiture, ses ordonnances et nous parle souvent de ses ancêtres, qui vécurent, paraît-il, dans cette partie de la France. »

Habitué que j'étais à entendre rabâcher par les Allemands les malheurs du jeune Conradin, mis à mort, après l'affaire du Tagliamento, par les misérables Angevins du duc Charles; agacé par les récits des incendies du Palatinat sous Turenne, je concevais, à la rigueur, que M. de M..., né de parents français, se crût obligé de prendre part aux représailles exercées par les Germains du dix-neuvième siècle pour la mort d'un prince allemand tué au treizième et pour la dévastation d'une province allemande au dix-septième ! ! Il ne me semblait pas non plus que M. de M... fit absolument mal de punir, pour son compte personnel, les actes absurdes et criminels de Louis XIV, assisté des pères Letellier, La Chaise et de Mme de Maintenon. Mais il me déplaisait d'entendre une nonne française parler avec tant d'enthousiasme d'un général ennemi, originaire de la France, et de savoir qu'un moine fanatique partageait tout son temps entre l'abbaye et le quartier général. Il devait y avoir là quelque manœuvre jésuitique, comme un centre d'informations dans lequel ce moine, membre d'une Internationale véritable, devait jouer un rôle aussi important que dangereux pour les patriotes et les libéraux.

J'avais promis et je tins parole. En traversant Coubron, je fus saluer M. l'abbé Jouveau, curé du lieu. Ce digne prêtre me dit : « Prenez garde au moine. »

Il était écrit que « mes années d'apprentissage » allaient compter une rude journée de plus.

La première assistante me reçut au couvent. La mère abbesse, très-grande dame, disait-on, voyageait dans le Midi. On paraissait content de mon exactitude et le moine arrivait presque sur mes talons.

L'entretien sortit vite des banalités, et le religieux attaqua sur-le-champ « les francs-maçons, qui perdaient la France, et dont la guerre civile de la Commune était l'œuvre, à n'en pas douter ». Cela me déplut. Je connaissais des maçons irréprochables, ayant fait crânement leur devoir pour la patrie, et je répliquai : « Vous avez tort. Il y a du bien dans la maçonnerie. Vous en parlez comme un moine et comme un moine intolérant. »

Le feu était aux poudres. On me lança, tout aussitôt, à la tête les encycliques des papes, les anathèmes du Syllabus. On couronna le tout de quelques phrases ronflantes sur le dernier concile du Vatican et sur l'Infaillibilité. On soutint que « la France était justement punie et que les Allemands étaient les justiciers de Dieu ». L'assistante avait baissé les yeux et légèrement pâli. Je soupçonnai un guet-apens et m'en expliquai en deux mots avec la religieuse; puis j'envoyai promener le moine avec ses anathèmes, ses aperçus sur le plan divin et son interprétation des canons du dernier concile. « Après tout, fis-je, ce concile n'est qu'ouvert. Il faut attendre son dernier mot. »

« Vous êtes excommunié, me criait le vilain drôle, et si vous ne l'êtes pas *ipso facto,* en vertu des censures *latœ sententiœ*, moi, revêtu de pouvoirs *ad hoc*, je vous applique l'anathème et je fulmine contre vous l'excommunication majeure. »

J'étais en face d'un coquin dangereux et puissant. « Le bon Dieu vaut mieux que vous, répondis-je. Il ne punira pas un prêtre catholique et français pour avoir repoussé avec énergie les insultes infligées par vous et par vos pareils à sa Patrie. »

— « De grâce, messieurs, dit enfin la nonne, cessez ce débat, le goûter est servi. Réconciliez-vous en rompant notre pain. »

Bien que tout disposé à fuir ce lieu de malheur, l'amour-propre, bien ou mal entendu, me persuada de me taire et de rester.

On fit, pendant le court repas, un éloge abracadabrant du fameux général, et le moine me pria de venir jusqu'à son pavillon fumer un cigare et achever notre traité de paix.

« Je ne fume que chez moi et le soir, lui répondis-je. » Puis je m'assis chez lui pour la forme et le priai de me laisser partir, vu qu'il me fallait marcher deux heures environ pour me rendre au Pin.

« Vous êtes étonnants, vous autres, prêtres français, disait le moine. Vous refusez un cigare, vous évitez de fumer hors de chez vous, et vous foulez aux pieds les défenses et les mots d'ordre les plus redoutables de la Curie et de l'Eglise romaine. Vous êtes formalistes à l'excès pour des choses de rien, et vous ne craignez pas d'affronter le pouvoir absolu des Papes. Vous êtes bien les disciples de Bossuet et de Pascal. »

Je partis sans lui répondre. En traversant Coubron, je revis le curé et lui contai mon aventure. « Vous paierez cher, mon pauvre ami, votre visite à l'abbaye de Livry. Vous avez bien fait de tout me dire. Attendons maintenant vos supérieurs, car je suis assuré que le moine rédige déjà sa dénonciation. »

Il avait deviné juste, et quarante-huit heures

après, je recevais d'un grand-vicaire de Meaux ce qu'on appelle un *Veniat,* d'une forme assez brutale et qui ne me laissait pas le moindre répit.

Trois fois, en quinze jours, je fus ainsi appelé et mis sur la sellette. Le moine avait travaillé en inquisiteur consommé. Les grands-vicaires donnaient si naïvement dans le panneau monacal que Mgr Allou, évêque de Meaux, prenant la parole à son tour, leur dit sévèrement : « Après tout, messieurs, je vous prie de ne pas oublier que M. le curé du Pin a fait son devoir de prêtre et de citoyen pendant la guerre, qu'il a gardé son poste alors que plusieurs autres l'abandonnaient, et qu'il ne nous convient pas, à nous Français, de sacrifier un de nos prêtres aux dénonciations d'un moine étranger. »

Le supérieur du grand-séminaire prit chaudement ma défense, le digne curé de Coubron en fit autant, le maire du Pin répéta des démarches pressantes. Le moine était le plus fort. On s'humilia devant lui. On voulut bien cependant ne pas me traiter en excommunié ni m'expulser du diocèse comme une brebis galeuse. Le respectable évêque me dit tout doucement : Je crois, monsieur l'abbé, que le voisinage de Paris ne vous vaut rien. Vos opinions sont trop avancées. Je vous ai désigné un poste qui vous mettra à l'abri des journaux rouges et des visiteurs de la capitale. »

Tout m'était indifférent depuis la défaite de la France. Je promis d'obéir. A quelques jours de là je quittais le Pin sans regrets. C'est ainsi que sur moi, chétif, la main d'un religieux allemand, abusant des paroles indignées que provoquaient ses insultes, s'appesantit lourdement. On m'a souvent demandé le nom de cet homme. J'appris seulement qu'il avait reçu une mission particulière, avec les pouvoirs les plus étendus : c'est tout ce que j'ai pu savoir. Que de fois, songeant aux paroles de mon confrère : « Défiez-vous du moine blanc », j'ai dit en mon cœur : Dieu garde la France des moines sans patrie, des religieux et des piétistes allemands!

LE SERVICE RELIGIEUX

DANS L'ARMÉE ALLEMANDE

Un rôle important fut celui des aumôniers dans l'armée qui envahit la France, vers la fin de 1870. Ces ecclésiastiques étaient nombreux et bien choisis. Confiné entre les routes d'Allemagne et de Champagne, j'en vis passer plusieurs, en moins de quelques semaines, dans mon presbytère et dans mon église, soit comme hôtes d'office, soit pour s'acquitter d'un service religieux. J'ai hâte de dire que ces messieurs firent sur moi la meilleure impression. Chez eux, rien du moine blanc de l'abbaye de Livry.

Celui que je fréquentai le plus était le prêtre Carle Maase, vicaire à la cathédrale de Dresde et chapelain au 12ᵉ corps d'armée.

Simple, modeste, fort instruit, il savait au besoin défendre, devant les chefs militaires, sa personne et ses droits. La preuve en a été fournie au début de ces notes. Les princes de Saxe l'aimaient beaucoup. Il déplorait les malheurs de la guerre, mais, bien que très-jeune encore, il ne laissait rien voir de ses autres pensées, soit en politique, soit en religion. A deux ou trois reprises, il me parla des altkatolischen, vieux catholiques, assez nombreux dans le 12ᵉ corps. Je ne savais rien encore du mouvement qui avait agité l'Allemagne dès l'annonce du dernier concile. Quelques officiers, vieux catholiques, vinrent, certains dimanches, entendre la messe avec le prône, et dirent au commandant B. que mes homélies leur convenaient. J'y allais sans malice, cherchant à prêcher l'Évangile, à consoler, à exhorter, quelquefois à reprendre.

Dès que le prêtre Carle Maase s'aperçut que je n'entendais presque rien au mouvement religieux qui l'inquiétait, il ne m'en parla plus et se renferma dans la musique sacrée. On chantait fort bien chez les Saxons, comme chez les Allemands, en général. Les offices religieux des catholiques ou des protestants étaient embellis et animés par des cantiques et des chœurs d'un beau caractère. En allant avec moi dans différents quartiers, M. Maase débitait son répertoire. Sa voix était belle, surtout en forêt, et il avait l'occasion de s'exercer dans les bois si communs autour du Pin, de Courtry et de Coubron.

Un de ses collègues, protestant celui-là, que M. Maase appelait en riant : « notre ministre, » mit à profit les derniers beaux jours pour officier en plein air. Il m'emmena, un samedi, choisir une prairie en pente, et se plaça sur la partie élevée pour essayer l'effet de son sermon. Son *famulus* et moi étions en bas, à quelque distance. C'était la première fois que j'assistais à une prédication en plein air. L'auditoire du lendemain se composait de quatre ou cinq mille hommes; il était donc convenable que « notre ministre » se payât une petite répétition. Sa voix, d'ailleurs, était fort belle et sonore. Vers la fin de l'exercice oratoire arrivèrent des soldats chargés de planches et de rameaux. Ils préparèrent ainsi une estrade rustique pour l'office et la cène du lendemain. Tant que le temps le permit, le service divin se fit en plein air.

Catholiques ou protestants, les chapelains de l'armée vivaient ensemble comme des frères. J'en fus frappé. Les deux clergés de la France donneraient-ils, à l'occasion, un pareil exemple de tolérance et de respect mutuel? Aujourd'hui, je pencherais vers l'affirmative.

Un autre chapelain, originaire de Dusseldorf, ne fit que passer chez moi, et je le regrettai. Les soldats lui avaient volé son cheval, et il parcourait activement tous les quartiers. Cet ecclésiastique, marié et devenu veuf avant de prendre les ordres, avait beaucoup voyagé en Europe et au dehors. Très-familier avec l'anglais et le français, il semblait connaître très-bien aussi les questions politiques et sociales, et je m'aperçus que ses idées avançaient quelque peu sur celles des autres, ou qu'il savait moins bien se taire. Ce fut une des rares occasions dans laquelle ces matières assez brûlantes furent traitées chez moi, en présence des Allemands. Ce prêtre parlait en homme libre, et le commandant B. me disait tout bas : « Je ne me sens pas à l'aise. » Il y avait de quoi. Il ne m'a plus été donné d'entendre personne traiter avec une pareille connaissance de son sujet et une si ardente conviction, au moins apparente, les questions si intéressantes et vitales qui nous passionnent encore aujourd'hui.

M. Wahl, qui semblait attaché exclusivement à la personne des princes Albert et Georges, aimait à dire sa messe dans l'église de Coubron. Je lui fis remarquer un jour de quelle manière on avait dévasté le presbytère et l'église de cette intéressante commune. M. Wahl ne répondit rien; il se souvenait probablement des dévastations commises déjà au Pin et de son fâcheux dialogue avec les fantassins de la 24e division.

Les travaux des aumôniers allemands ne consistaient pas seulement dans la visite des ambulances, dans l'assistance aux moribonds sur le champ de bataille et dans les services religieux du dimanche. Le roi Guillaume était fort dévot et leur donnait de l'occupation.

Quand le typhus ravageait les quartiers, quand les tueries de Champigny, pour ne citer que celles-là, semblaient décourager les soldats, le roi Guillaume ordonnait soit un jour de jeûne et de prière, à la façon anglaise : « Humiliation and prayer », soit plus simplement une communion générale appropriée aux rites de chacun. Il y avait, en effet, des luthériens, des calvinistes, des catholiques, des anabaptistes, des moraves, etc., sans oublier les israélites.

Ces derniers ne célébraient pas leur culte dans nos villages? pourquoi? je l'ignore absolument. Ils tenaient la schüle du samedi où ils réunissaient la synagogue dans les villes seulement. Il est à supposer que les mercantis, si nombreux à la suite de l'armée, juifs presque tous, faisaient la loi aux soldats et officiers de leur croyance, et que le culte israélite se célébrait ainsi dans les villes pour la plus grande commodité des vivandiers, brocanteurs et prêteurs sur gages. Je me suis figuré parfois que les belles chapes des églises du Pin, de Chelles, de Coubron, etc., qui n'étaient pas encore vendues ou dénaturées, avaient recouvert les épaules des rabbins et des sacrificateurs, car on n'ignore pas combien nos cérémonies et nos ornements sacrés se retrouvent à peu près dans le culte judaïque.

Pour revenir aux communions générales par ordre, « aus Befehl », ceux qui en ont été témoins et qui en jugent, sans prévention ni parti pris, ne peuvent assez blâmer l'ingérence du point de vue politique et dynastique dans des pratiques auxquelles la conscience et le désir intérieur doivent seules nous conduire. J'ai vu, en décembre et janvier, durant des journées de bise glaciale, défiler ou stationner longuement des bataillons et des escadrons qui venaient, tour à tour, dans mon église écouter les prédications du superintendant Sheller ou de quelqu'autre pasteur, chanter des cantiques et s'approcher de la sainte table. Les hosties (pains de communion) en usage dans la cène des luthériens étaient semblables à celles dont se servent les catholiques. Quant au vin qu'on versait dans les calices, c'était invariablement du vin de Champagne. On avait dû en réquisitionner des quantités fabuleuses, rien que pour les usages religieux des Allemands. Les soldats semblaient résignés. C'était pour eux une consigne : *Aus Befehl.* J'entrai un soir dans l'église après le départ du dernier escadron de cuirassiers. Ce corps de cavalerie se distinguait, disait-on, par sa grande piété. Le pasteur officiant s'entretenait avec deux ou trois dames diaconesses attachées à l'hôpital de Claye. Ce que je pus saisir de leur jargon me prouva que le piétisme allemand et le bigotisme français n'ont pas des allures bien différentes. Je voudrais bien savoir si la première cène célébrée par le Seigneur fut accompagnée ou suivie de paroles béates et de réflexions à perte de vue sur les bénédictions singulières dont le Dieu des armées (Sabaoth) devait combler les hordes vengeresses, celles de Guillaume IV probablement; et si les apôtres se lamentaient en style de sectaires sur les vices des grandes villes, appelées alors Jérusalem et Rome, comme elles se nomment de nos jours Londres et Paris. Le pasteur vint à moi du reste fort poliment et me demanda pourquoi un si grand nombre de croix ou de crucifix se trouvaient sur les autels. — « C'est tout simple, lui dis-je. La croix est d'abord, pour nous tous, le signe du salut. Quant au nombre considérable de ces objets sacrés, une bonne partie provient des églises que vos soldats ont ravagées. Je suppose, monsieur le pasteur, que vos hommes, si pieux aujourd'hui, avaient négligé, à cette époque, la fréquentation des sacrements. » Puis je lui fis un grand salut, ainsi qu'aux vénérables diaconesses, les priant d'user souvent de mon église, puisque c'était le meilleur moyen de la préserver de nouvelles dévastations.

Rendons justice à qui de droit. Par les soins des commandants de quartiers, des affiches furent apposées sur le portail de toutes les églises du pays. En tête et en gros caractères le mot « achtung », que l'on peut traduire par « attention et respect », indiquait suffisamment la nature de l'arrêt ou proclamation. La phrase que M. de B. adressa, lors du premier pillage, du 21 au 22 septembre : « Gott im Himmel…. » s'y trouvait ou peu s'en fallait. On a bien raison de dire que les Allemands ne laissent rien au hasard et qu'ils préparent la guerre avec le même soin que des négociants étudient une grosse affaire commerciale et industrielle. Je fais la gageure que les proclamations « achtung » affichées en octobre sur toutes nos églises pillées et souillées, avaient été élaborées et imprimées dès le mois de juin précédent.

Jamais, en ma présence, un officier ne se permit de discuter les mesures religieuses décrétées par la piété et la politique du roi Guillaume. Deux ou trois fois, je remarquai des sourires aussitôt réprimés. Ce silence, pur effet d'une consigne militaire, me donnait beaucoup à penser touchant la piété réelle et la foi intérieure de nos conquérants. L'Allemagne actuelle est chrétienne ni plus ni moins autant que la France. Les convictions raisonnées, éclairées, sincères y sont, comme chez nous, le partage du petit nombre. Si de la croyance on passe aux mœurs, le silence ici sera de rigueur. Le pays des hermann et des dorothées n'en produit presque plus. Que les Allemands renoncent donc à la mauvaise habitude de jeter la pierre aux autres et d'anathématiser soit Paris, soit nos autres grandes villes.

« Je vous affirme, monsieur le Curé, disait, en mars 1871, le colonel prussien von H., que, malgré nos chapelains et nos communions générales, l'armée se démoralise et que l'Allemagne tout entière en pâtira rudement, si nos soldats subissent encore, des semaines et des mois, l'action énervante d'une vie de loisirs en quartiers. » Je ne serai pas plus sévère que le digne colonel. Le séjour des soldats germains en France aura surtout servi à la propagation de l'idée démocratique en Allemagne.

Les hobereaux prussiens ne sont que les fils des Vandales. Puisse le peuple wende ou poméranien mettre un terme à leur domination et devenir libre à son tour !

CONCLUSION

Il y a bientôt treize ans d'écoulés. La France se relève lentement. Son armée se réorganise. Ses frontières, quoique diminuées, se raffermissent. Mais les ardeurs factieuses qui se cachent, chez plusieurs, sous le zèle apparent de la Foi, et qui nous firent tant de mal avant et pendant la guerre franco-allemande, menacent toujours l'unité morale de la France. L'Allemagne, cette ennemie héréditaire, semble animée contre nous de rancunes nouvelles. Qu'arrivera-t-il? Toute prévision serait incertaine ; mais nous nous sentons libres, et notre espérance gît en cela. Que chacun donc, sans arrière-pensée, travaille résolûment au salut du pays, au bonheur de la

France républicaine et démocratique, par l'abnégation, le travail et l'habitude de la vigilance.

Catholiques, protestants, israélites, libres-penseurs, abjurons tout esprit de secte et d'intolérance ! Cherchons ce qui rapproche, fuyons ce qui divise. A cette condition, la Patrie, que nous devons aimer par dessus tout, pourra braver d'injustes agresseurs, et reprendre, d'une contenance assurée, la chaîne de ses libérales et glorieuses traditions.

Paris, 8 janvier 1884.

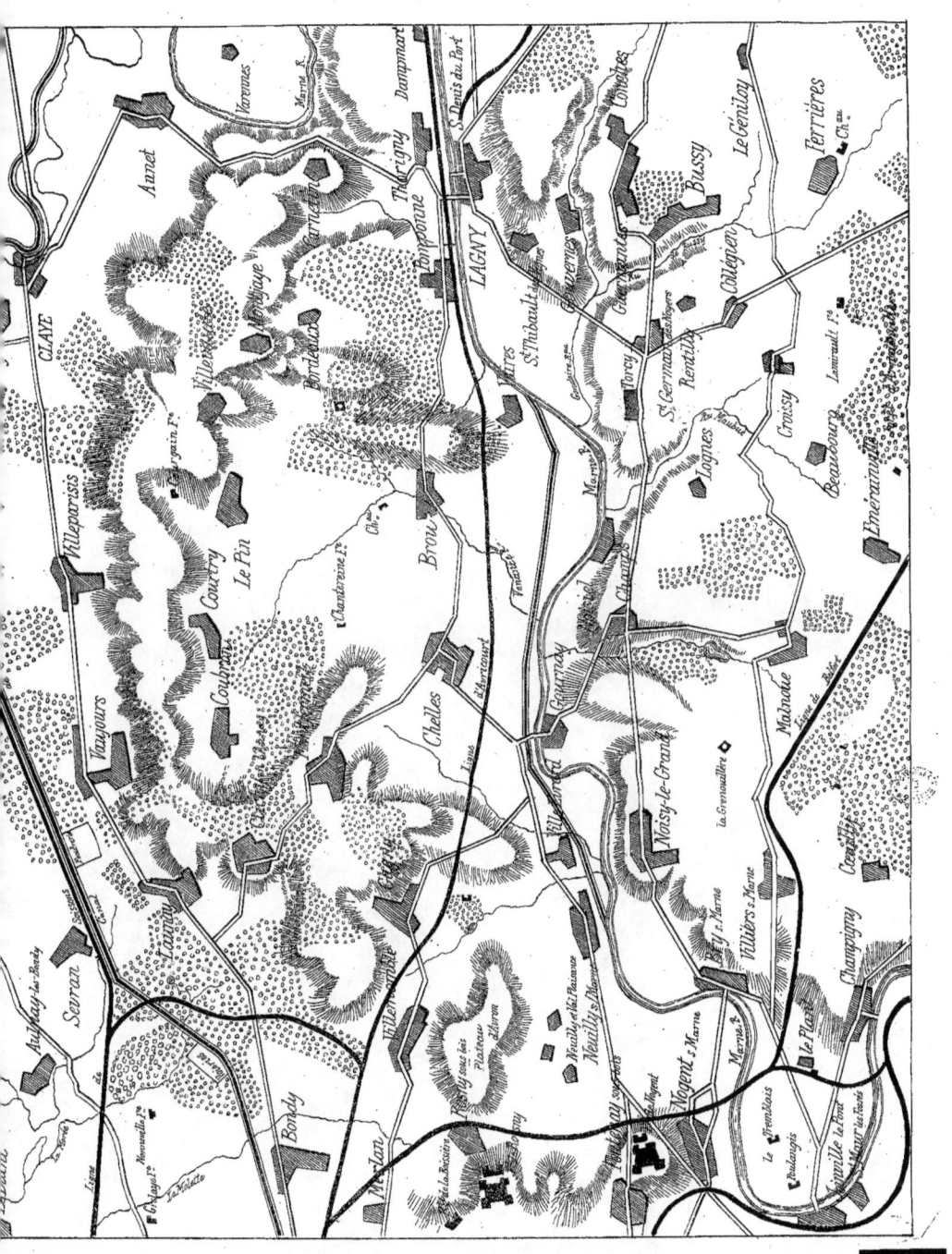

TABLE DES MATIÈRES

	Pages.
A mes confrères.....................	5
Septembre 1870. — Arrivée des Allemands. 12° corps. — Pillage des églises. — Insolence des soldats...........................	7
Octobre 1870. — Francs-tireurs. — Victoire de Coulmiers. — Un espion. — Moulins et sources. — Arrivée de l'artillerie de réserve. — Capitulation de Metz........................	23

Novembre 1870. — Combat du Bourget. — Aux

Pages.

avant-postes. — Envoi d'un espion à Bordeaux. — Départ de l'artillerie pour Champigny.................................... 33

Décembre 1870. — Nouveau pillage. — Je suis arrêté. — Visite aux amis de Chelles.— Retour des Saxons. — La vérité sur les batailles de Champigny et de Petit-Bry. — Mon espion à Bordeaux.— Francs-tireurs de la Champagne. — Curés fusillés et internés............... 41

Janvier 1871. — État de l'armée allomande. — Pillages de l'église de Chelles. — Retour de mon espion. — Deuxième combat d'Orléans. — Les prisonniers à Lagny.— Derniers efforts à Meaux. — Capitulation de Paris............ 57

Février 1881. — Retour de mes paroissiens. — Réquisitions de guerre pendant l'armistice.... 69

Mars 1871. — Arrivée du 32° régiment. — Le 18 mars. — Un officier d'ancien régime.— Le lieutenant B........................... 75

Avril et mai 1871. — Mortalité dans la banlieue. — Fin de la Commune. — Départ des derniers soldats................................. 81

Un moine allemand. — Visite à Livry. — Le moine lance ses foudres.— Évêque de Meaux. — Je quitte le Pin...................... 85

Pages.

Le service religieux dans l'armée allemande. — Quelques-uns des aumôniers. — Zèle du roi Guillaume et dévotion des soldats. — Conclusions pratiques........................ 93

Épilogue ou conclusion................. 103

www.ingramcontent.com/pod-product-compliance
Lightning Source LLC
Chambersburg PA
CBHW070522100426
42743CB00010B/1912